COMMENTAIRES

C'est avec beaucoup d'enthousiasme que je recommande ce livre d'Augustin BAKI. Il aborde un sujet qui touche presque tout le monde et propose des solutions efficaces pour faire face au défi auquel nous sommes confrontés avant, pendant le mariage et après le mariage. «Devrais-je continuer ce mariage? » se présente comme un recueil de conseils pour bâtir des relations qui conduisent à avoir un mariage en bonne santé et capable de résister à toutes les épreuves.

Pasteur Emmanuel MBIYA MULAYA

Ce livre est un trésor non seulement pour les mariés mais aussi pour les célibataires aspirant au mariage. Il aide à répondre aux questions brulantes que se posent les uns et les autres. Je le recommande donc comme un traitement curatif aux mariés qui traversent le pire dans leur vie de couple et surtout comme un traitement préventif aux jeunes célibataires.

Prophète Daniel LUALABA

Guide exceptionnel, ce livre vient apporter des réponses face à la multitude des questions que l'on se pose sur le mariage. Il aide à dissiper l'indécision et donne l'énergie nécessaire pour avancer avec détermination et sérénité dans un choix murement réfléchi en ce qui concerne le mariage.

Lendl-Godson BEYA

Devrais-je continuer ce mariage ? Devrais-je l'arrêter ? Devrais-je rêver de cette réalité ? Devrais-je rêver d'une autre réalité ?
La question majeure que se pose un couple révèle son issue la plus proche. Trouvez dans la lecture de cet ouvrage des clés qui aideront à pencher votre balance en faveur de la meilleure des issues pour votre couple.

Couple Docteurs YETY et OSHWA MBALABU

DEVRAIS-JE CONTINUER CE MARIAGE ?

AUGUSTIN BAKI

DEVRAIS-JE CONTINUER CE MARIAGE ?

DEVRAIS-JE CONTINUER CE MARIAGE ?

Juin 2022

Sauf indication contraire, les citations bibliques sont tirées de la Bible Louis Segond 1910

A Mes Parents Baudouin KITUMBA et Astrid MUNYEMBA, vous qui avez traversé tant de réalités du mariage pendant 42ans;

Aux célibataires qui se questionnent sur comment sera leur mariage ;

Aux mariés qui vivent la stabilité et le bonheur dans leur mariage;

Aux mariés qui veulent quitter le mariage ;

Aux hommes de Dieu, encadreurs, parrains ou toutes les personnes ayant la charge des couples dans leurs cœurs ;

A tous ceux qui ont besoin de faire un mariage réussi et épanoui;

Au couple Bianca et Lendl KABEYA ;

A mon frère Isaac-Espoir MUYAYA ;

Je dédie ce livre.

TABLE DES MATIERES

REMERCIEMENTS

Il n'est pas aisé pour moi de mettre des mots de remerciement dans un livre d'autant plus qu'il y a tellement de personnes qui ont contribué à son édition.

A notre Père Céleste, source d'inspiration, d'intelligence et de sagesse, Lui qui illumine mes pensées afin de partager avec plusieurs ces enseignements.

A mon Pasteur, le Bishop Cobin TSHIBANDA WA TSHIBANDA, pour le temps que vous avez consacré à préfacer ce livre;

A mon épouse Wivine KASHILU, la première personne à entendre cette question alors que nous méditions à notre troisième anniversaire de mariage, pour chaque mot, chaque phrase que tu as apporté dans ce livre ;

A mes parrains, le Couple Prudence et Richard KATALAYI pour l'accompagnement dans le mariage ;

Au Pasteur Emmanuel MBIYA MULAYA et au Berger Fabien NGANDU pour vos lecture, amendements, discussions et surtout pour les garde-fous que vous avez établis dans ce livre pour ne pas me voir déraper ;

Au couple Leslie et Esaïe OYUN pour le temps pris dans la relecture du draft de ce livre ;

Au couple Lisette et Jeampy KABEYA pour tous les petits mots et gestes ;

A la Rawbank qui ne cesse de m'encourager et m'accompagner dans cette œuvre salvatrice comme agent aux idées talentueuses ;

Au Prophète Daniel LUALABA qui a éveillé la passion de l'écriture en moi ;

Au Pasteur Papy MAYUMA pour le merveilleux travail de transcription ;

A KDNA Impressions pour l'impression de qualité, adaptée à notre standing ;

A tous ceux qui, de loin ou de près ont participé à l'expérimentation, la conception et l'élaboration de ce livre ;

J'adresse l'expression de ma gratitude.

Augustin BAKI

PREFACE

« Si tu te poses des grandes questions, tu auras des grandes réponses » dit-on et ce livre est une grande question.

Pouvant paraître simple et banale pour certains, mais cruciale et existentielle pour celui qui est dans un couple qui bat de l'aile, qui donne les signes de chavirer si l'on n'intervient pas.

Aujourd'hui dans le monde, le mariage a perdu sa saveur et est parfois présenté comme une cité des douleurs, l'église en général et ce livre en particulier se donne le devoir de revêtir à cette institution divine sa robe éclatante.

C'est de cette démarche que ressort la question que l'homme de Dieu, Augustin BAKI, connu comme orateur, motivateur et enseignant dans les milieux ecclésiastiques de la RDC, dans sa communauté et de son Pasteur que suis et à laquelle il essaye de répondre dans ce livre.

Depuis un temps, il a pris goût de mettre sur écrit ses réflexions à travers des livres édifiants qui font de lui un véritable consultant dans la foi, vu son parcours riche avec le Seigneur.

Aujourd'hui encore, il nous invite à la table avec cette grande inspiration sur le mariage dont le met consiste à recommander, quelle que soit la difficulté rencontrée sur le chemin du mariage, de conserver l'espérance en tant que chrétien, même si l'on est tenté d'abandonner, de jeter l'éponge par le divorce.

Rien n'est impossible à Dieu. Tout peut repartir à nouveau dans le couple qui a du plomb dans ses ailes ou qui est au bord de la rupture. Ceci est de la responsabilité de l'Eglise dans son programme d'enseignement dont BAKI fait partie de sélectionnés ayant reçu une révélation sur le mariage afin d'apporter le secours au couple dans la détresse.

Raison pour laquelle, je recommande vivement ce livre à tout le corps du Christ, et aux couples du monde de pouvoir s'inspirer de cet ouvrage béni et équilibré.

Que Dieu vous ouvre des yeux sur chaque page pour une lecture fructueuse et, soyez bénis pendant votre voyage à travers ce livre.

Bishop COBIN TSHIBANDA WA TSHIBANDA
Communauté Evangélique Hébron

AVANT-PROPOS

« Le mariage est une institution divine ». « Que personne ne sépare ce que Dieu a uni ». « Ils sont devenus une seule chair, unis pour le meilleur et pour la vie ». « Seule la mort nous séparera » ... Ces phrases se faisaient entendre dans les milieux des chrétiens et des églises. Depuis la nuit des temps, le mariage a toujours été considéré comme quelque chose de sacré. Même nos ancêtres avaient cette marque de considération pour une cérémonie de bénédiction nuptiale qui unissait non seulement le jeune homme à la jeune fille, mais aussi les deux familles. A l'époque, on avait des mariages durables. Et même s'il y avait quelques désorientations telles que la polygamie, mais le mot divorce était vraiment rare.

Curieusement, au fil des années, la notion sacrée du mariage commença à s'effriter. De plus en plus, on voit des couples se séparer pour une raison ou une autre. Ce phénomène est devenu plus inquiétant lorsqu'il est entré dans l'église, au point que même les hommes de Dieu ont été sérieusement confrontés à cette triste réalité du divorce. Le jeu est installé. On ne sent plus la vigueur des phrases évoquées ci-dessus, et les mariés évoquent avec facilité cette solution comme remède aux problèmes des couples qu'ils ont rencontrés.

L'auteur de ce livre veut réfléchir et nous faire réfléchir sur cette question épineuse. Il entame son livre en encourageant ceux qui veulent entrer dans le mariage à se poser la bonne question qui est celle de « Devrais-je entrer dans ce mariage ? », pour leur éviter de se poser rapidement la question de « Devrais-je continuer ce mariage ? ». Ce livre se poursuit, comme un projecteur, à étaler les raisons multiples qui peuvent pousser à un ou aux deux conjoints de se poser cette question.

Ce livre vient réorienter chacun de nous sur ses responsabilités, car avec le modernisme, le mariage fait face à plusieurs facteurs menaçants en interne comme en externe. Et l'auteur encourage chaque conjoint à faire des efforts, des concessions au nom de l'amour ainsi qu'au nom de l'autorité de saintes écritures, pour préserver ce lien de mariage dans un dialogue conjugal franc et sincère. Cette prise de conscience qu'on évoque dans ce livre va préparer les célibataires à prendre une décision mûre avant de se marier, et le divorce sera désormais la dernière des solutions qu'on pourra évoquer dans le cadre de résolution des conflits dans le mariage.

Puisse Dieu, au travers de ce livre, éclairer les catégories des personnes suivantes à qui je le recommande vivement :

- ***Les non-mariés*** : à prendre conscience des enjeux qui peuvent survenir dans le mariage afin de leur permettre de faire un dialogue franc pour la suite. Ce livre va donner aussi la force à ceux qui sentent déjà qu'ils sont sur une mauvaise lancée ou qui voient des signaux négatifs de recadrer leurs tirs et ou carrément d'arrêter pour ne pas aller vivre le pire.
- ***Les mariés qui passent par des moments de turbulences*** : ce livre leur montrera qu'ils ne sont pas les seuls à vivre ces difficultés. Ils peuvent aussi les surmonter, arranger et avancer. Que le Saint-Esprit leur donne la force et la volonté d'y parvenir.
- ***Les mariés qui vivent encore l'harmonie*** : continuer à produire encore des efforts pour le maintien de ce climat harmonieux, à mettre l'autre dans le confort, dans un nouveau

monde où la phrase magique « Seule la mort nous séparera » a déjà perdu tout son sens même dans le milieu des chrétiens.

Que Dieu vous bénisse !

Berger Fabien NGANDU

INTRODUCTION

Des couples se déchirent, les enfants sont aux abois, et le mariage semble prendre un coup sur la tête. Il ne se passe pas une semaine ou un mois sans apprendre que tel couple a divorcé, et des statistiques deviennent de plus en plus vertigineuses pour les cas des divorces à travers le monde. Si cela ne concernait que le monde profane, on aurait compris.

Seulement, ce fléau a aussi touché l'église : les pasteurs, les prophètes, les apôtres, les docteurs, les évangélistes, … bref même les hommes de Dieu divorcent. D'autres se remarient avec les soi-disant femmes du ministère. Pourtant, ils s'étaient mariés « devant Dieu » c'est-à-dire à l'église, pour certains, en ayant même affirmé que Dieu leur avait montré que ces femmes étaient les femmes de leur vie de même que certaines femmes face à leurs époux. Dieu s'était-il trompé ? Nullement, puisque Dieu ne se trompe jamais. Il se pose un problème qui secoue le mariage lequel traverse une véritable crise.

Néanmoins, il y a toujours des hommes et des femmes qui aspirent au mariage. Tout compte fait, le mariage (l'alliance d'un homme et d'une femme, pour former un couple et fonder une famille, formalisé par les chrétiens par un rite religieux "le sacrement de mariage" tout en l'inspirant (présentant un 'idéal' de communion spirituelle) et la règlementant dans le vécu des personnes concernées) reste une institution divine qui doit être honorée, valorisée au vu de son importance qui est notamment par le fait que le mariage n'est pas seulement l'amour entre un homme et une femme ; il est aussi le signe de l'amour de Dieu pour les hommes, un signe de Son Alliance.[1]

Il nous a semblé utile de réfléchir sur le paradoxe qui le frappe, certains veulent se marier alors que d'autres veulent en finir. Pendant que plusieurs se demandent « Devrais-je continuer ce mariage ? », d'autres « bombardent » le ciel des prières pour entrer dans le mariage.

Or, le mariage se voulant selon la pensée de Dieu stable est important dans le sens qu'il est même le reflet de la relation entre Christ et l'Eglise et doit durer pour toujours et tenir face à toutes les tempêtes et à tous les vents tout en permettant à l'homme comme à la femme de s'y épanouir dans tous les domaines de la vie : ce qui est contraire aux réalités actuelles.

Dieu a créé le mariage pour que :

- L'homme et la femme soient deux partenaires fidèles ;
- Le mariage est le fondement le plus solide pour fonder une famille ;
- Le Seigneur a conçu l'union sexuelle pour aider les couples mariés à nouer une relation intime ;
- Le mariage symbolise l'alliance de Dieu et de son peuple.

Le défi étant de présenter le mariage comme le cadre primordial pour le salut de l'humanité et surtout la stabilité de cette dernière, devrait être l'institution de référence pour tout homme qui vit sur la terre. Référence de la sécurité et du calme surtout qu'il n'y a qu'en lui qu'on peut parler et surtout préparer la venue d'un enfant, continuité de l'existence humaine à la pensée familiale contrairement à l'image qui est dictée à ce jour par la plupart des ceux qui sont dans le mariage.

---

[1] https://www.google.com/url?sa=t&rct=j&q=&esrc=s&source

Que ce soit ceux qui veulent entrer ou ceux qui veulent sortir, il y a une question qu'ils auraient dû se poser pour les uns ou devraient se poser pour les autres. Car, les problèmes du mariage et leur solution se situent dans sa fondation. Mais, pour ceux qui ont raté le décollage, tout n'est pas perdu. En se posant cette question, « ***Devrais-je continuer ce mariage*** ? », il y a lieu de trouver la bonne raison pour sauver son mariage, c'est la raison d'être de ce livre.

C'est la préoccupation qui nous animait dans l'écriture de cet ouvrage. En se posant la même question, nombre de ceux dont le mariage tangue trouveraient dans ce livre des pistes de solution pour s'en sortir, et ceux qui aspirent au mariage ne manqueraient pas d'y puiser de quoi les empêcher de prendre un faux départ.

Nous croyons que livre bénira plus d'un lecteur et décanterait plus d'une situation désespérante. Le Saint-Esprit qui l'a inspiré soutiendra plus d'un couple à se relever et permettra à tant d'autres à se former sur base d'une solide fondation.

Chapitre 1

LA QUESTION FONDAMENTALE

Avant de développer ce thème, j'aimerai m'appesantir sur le point de départ du mariage. On ne continue pas ce que l'on n'a point commencé! Une personne qui arrive au point de s'interroger s'il faut continuer un mariage n'a pas seulement des difficultés ou des problèmes présents, mais également parce que la fondation de ce mariage était mal posée. Beaucoup de personnes se trouvent dans cette situation parce qu'elles n'ont pas posé la bonne question ! Ils seraient épargnés de se poser cette douloureuse et épineuse question s'ils avaient posé dès le départ la bonne question. La bonne question à se poser n'est pas de savoir si l'on devrait continuer un mariage, mais plutôt si l'on doit même le commencer : *Dois-je entrer dans ce mariage* ?

Que de ressentiments, que des déchirements, que des divorces seraient aujourd'hui évités, si ceux qui se sont précipités dans un mariage s'étaient posé la question de savoir s'il valait vraiment la peine d'entrer dans ce mariage, si c'était celui qui leur était destiné.

Au nom de l'amour, beaucoup n'ont pas eu de temps à réfléchir, de s'interroger sur l'opportunité, l'irrévocabilité, la nécessité de s'engager dans une relation qui allait courir durant toute leur vie.

S'il est tard pour les mariés de se poser cette question, il est fondamental pour ceux qui aspirent aujourd'hui au mariage de se poser cette question vitale et capitale : *Dois-je entrer dans ce mariage* ?

Généralement, les jeunes à l'âge de se marier baignent dans l'enthousiasme d'entamer une vie conjugale, d'épouser la personne qu'ils aiment sans prendre suffisamment le temps de se poser la question de savoir s'il faut entrer dans ce mariage. Question lucide, question qui épargnerait tant des déboires et des désillusions.

Beaucoup procèdent mal : ils choisissent une femme, s'entretiennent avec elle, tissent une solide relation amoureuse et décident de se marier. C'est alors qu'ils se tournent vers Dieu pour prier afin qu'il soutienne leur projet de mariage. Ils se mettent à diriger les prières intenses au ciel pour réunir les nécessaires qu'exigerait un mariage grandiose.

D'autres demandent à Dieu de le mettre sur le chemin d'une bonne épouse dont ils ont déjà le portrait-robot sans connaître l'avis de Dieu. D'autres prient pour leur futur mariage, et lorsqu'ils éprouvent des penchants pour la personne, ils pensent que Dieu a approuvé leur demande et qu'ils peuvent s'engager. Mais souvent, on n'associe pas toujours Dieu au départ de la grande aventure conjugale. Souvent, on s'engage, puis l'on vient informer Dieu en lui demandant d'approuver. Pour ceux qui tiennent encore compte de ses points de vue. Pour d'autres, on fonce dans l'euphorie de l'amour, jusqu'à ce qu'au virage de la vie, un accident survient, ou le véhicule du mariage l'amorce mal et sort du chemin, c'est alors que l'on se tourne vers Dieu pour solliciter son intervention, on se rappelle de sa bonté et on l'appelle au secours.

J'aimerai bien partager une histoire vraie pour apporter la part de lumière susceptible d'orienter ou de porter quelques grains de sel de sagesse à la marche de ceux qui veulent s'engager dans la voie ou qui s'y sont engagés en prenant le raccourci, afin qu'ils ne se retrouvent pas dans l'impasse et ne soient pas obligés de saigner dans leur cœur, alors que l'amour l'aurait déjà assiégé et qu'ils se voient obligés de faire marche en arrière. C'est une expérience douloureuse, pénible qui laisse des traces.

Il était fiancé à une fille qui lui semblait magnifique et qu'il aimait profondément. Sa famille ainsi que ses amis l'appréciaient bien. Ils ont cheminé un moment et ont décidé de se marier. Les contacts ont été établis entre les parents pour la pré-dot. Jusqu'à ce qu'il reçoive la liste des biens à verser pour la dot. Il s'est mis à la préparation de la dot avec tout le sérieux qu'on peut s'imaginer. Il avait hâte de lui mettre la bague au doigt, mais il ne voulait pas brûler les étapes ; il lui fallait l'honorer en l'épousant en bonne et due forme.

Malheureusement, quelques jours avant la remise de la dot, tout s'est écroulé. Il s'est vu contraint de tout annuler. Tout simplement parce que Dieu était parvenu à lui convaincre qu'elle n'était pas sa femme.

Un jour, il a fait un songe qui s'est répété quatre fois durant une période assez courte.

C'était suffisant pour attirer son attention et lui pousser à réfléchir sérieusement à son cheminement vers le mariage.

Dans les quatre rêves, il se mariait avec la fille. Mais lorsqu'il levait le voile pour embrasser la mariée, c'était le visage d'une autre fille qui apparaissait. Ce qui l'avait troublé.

Comme si les rêves ne suffisaient pas, un jour alors qu'il prêchait quelque part, un prophète l'a suivi et pendant la prédication, il a reçu un message de la part du Seigneur lui concernant. A la fin, il lui a pris en aparté pour lui parler en ces termes :

« Pendant que tu prêchais, j'ai pu lire sur ton visage ce message : "Rebelle, car Dieu te parle et tu ne veux pas obéir".

Il ajouta : La fille avec qui tu es, est une bonne fille. Elle sera une bonne femme pour un autre homme. Pas pour toi. Ce n'est pas ta femme. »

Il est aisé d'accepter aussi facilement et de prendre avec agilité, sérénité la décision de se séparer d'une personne qu'on n'aime pas à la suite d'un tel message. Lorsqu'on a déjà aimé et que le cœur est déjà donné totalement, rien n'est facile. Surtout lorsque l'on s'est présenté dans la famille de la fille pour leur annoncer officiellement son intention de prendre leur fille en mariage, et qu'ensuite, ils vous ont remis la liste pour la dot.

Les gens lui ont attribué tous les qualificatifs que l'on peut imaginer. Les gens l'ont traité d'aventurier, de farceur. Il n'avait rien à dire. Comment pouvait-il se défendre ! Tout certifiait sa culpabilité. Pour le monde, il devait prendre cette fille en mariage d'autant plus qu'ils sont allés plus loin dans les préparatifs et les raisons qu'il avançait ne tenaient pas la route pour eux.

Il n'avait pas le moyen de contredire ses détracteurs.

Personne ne pouvait connaître le drame intérieur qu'il vivait. Nul ne savait combien il était malheureux de renoncer à cette relation, car il n'était pas engagé par aventure, mais pour le mariage.

Heureusement que Dieu lui avait parlé avant d'être effectivement engagé dans le mariage.

Je voudrais lancer ce message à ceux qui veulent s'engager :

Avant de vous engager dans le mariage avec une personne, il serait judicieux de vous poser cette question dans la prière : Seigneur, dois-je entrer dans ce mariage ?

Prenez du temps à chercher Dieu, laissez-le vous parler.

L'avenir de votre mariage est en jeu, mieux de votre vie même. Le choix ne doit pas se limiter à des simples appréciations. Le caractère, oui. La beauté, oui. Le niveau d'étude, oui. La virginité, oui. Tous les critères que l'on peut énumérer pour opérer un bon choix sont nécessaires, mais non suffisants pour se précipiter dans un mariage lorsqu'on est enfant de Dieu. Il faut associer Dieu dès le départ, avant le choix, pendant et après. Non pas l'informer, mais avoir son avis, et plus : son quitus.

Contrairement à un courant de pensées dites chrétiennes qui estime que Dieu n'intervient plus dans le choix du conjoint ou de la conjointe de la vie de ses enfants, parce que dans le jardin d'Eden, lorsqu'Adam a péché, et s'est tenu devant Dieu, il a tenté de se justifier en disant à Dieu : « la femme que tu m'as donné, m'a remis le fruit et je l'ai mangé », accusant implicitement Dieu de lui avoir donné une épouse qui l'a conduit dans la chute. Selon ce courant, depuis ce jour-là, Dieu a décidé de ne plus orienter un homme ou une femme dans le choix de la personne à épouser, cela pour qu'à l'avenir, les déboires, les problèmes qui découleront de leur union ne soient plus portés sur sa responsabilité. L'homme serait donc seul responsable de l'échec et de la réussite de son mariage, et Dieu s'étant « lavé les mains », laisserait l'homme se débrouiller dans son choix du partenaire de vie dans le mariage.

Je reste convaincu que Dieu agit encore, il continue d'agir. Il est capable d'indiquer à celui qui se tourne vers lui et lui fait confiance s'il doit ou non entrer dans ce mariage.

Les exemples bibliques sont là pour contredire ce courant et prouver si besoin est, que Dieu continue à orienter le choix de la personne à épouser lorsqu'on se tourne vers lui.

Genèse 24,12-14 : « *Et il dit : Eternel, Dieu de mon seigneur Abraham, fais-moi, je te prie, rencontrer aujourd'hui ce que je désire, et use de bonté envers mon seigneur Abraham ! Voici, je me tiens près de la source d'eau, et les filles des gens de la ville vont sortir pour puiser de l'eau. Que la jeune fille à laquelle je dirai : Penche ta cruche, je te prie, pour que je boive, et qui répondra : Bois, et je donnerai aussi à boire à tes chameaux, soit celle que tu as destinée à ton serviteur Isaac ! Et par là je connaîtrai que tu uses de bonté envers mon seigneur.»*

Ce qui a attiré particulièrement mon attention dans ce texte, c'est la phrase suivante : « Soit celle que tu as destinée à ton serviteur Isaac. »

La question qu'il faut se poser lorsqu'on veut entrer dans un mariage est donc la suivante :

Cet homme m'est-il destiné ? Cette femme m'est-elle destinée ?

L'on n'entre pas dans un mariage avec une personne qui ne nous est pas destinée. L'homme qui t'est destiné devrait être ton mari et la femme qui t'est destinée devrait être ta femme, ton épouse.

Du moment que l'on entre dans un mariage avec une personne qui ne nous est pas destiné, nous devons nous attendre à des conséquences fâcheuses qui vont peser sur notre parcours.

Lorsque nous épousons une personne qui ne nous était pas destinée, nous n'annulons pas l'existence de celle qui nous était destinée et cela déstabilise trois mariages : le nôtre avec celui de la personne que nous tenons à épouser à tout prix, celui de la personne qui nous était destinée et enfin celui de la personne destinée à celle que nous épousons.

Ceci ne sera pas sans conséquence dans l'avenir des couples avec possibilité d'avoir des fissures irréparables car si la personne ne nous est pas destinée Dieu sait pourquoi et dans la Bible les raisons sont notamment l'idolâtrie (Exode 34.15-16) qui amène la colère et le châtiment de Dieu.

Plusieurs auteurs ont écrit sur le mariage, en évoquant la stabilité du mariage ; d'autres l'ont campé sur le plan doctrinal en évoquant seulement le sens de l'insolubilité. Ici nous voulons prendre un autre angle : épingler les aspects qui doivent intervenir de manière à ce que le mariage ne soit pas tout simplement une contrainte doctrinale ou biblique. Le mariage ne doit pas être une contrainte religieuse ou économico-sociale. Nous voulons que le mariage soit un lieu d'épanouissement total, d'accomplissement de soi au point que l'on réalise qu'au-delà de son partenaire ou de sa partenaire, il serait impossible de trouver mieux ailleurs et que l'on ne saurait pas vivre ailleurs. Non parce qu'on y est contraint, ou que l'on manque d'alternative, mais parce que c'est le meilleur choix qui soit offert.

Pour y arriver, il faut commencer par le commencement qui est le choix du conjoint, le choix de la conjointe.

Le choix du conjoint (de *la conjointe*)

Lorsque nous lisons Matthieu 1,18-25, la Bible nous raconte l'histoire d'un homme, Joseph, fiancé à une jeune dame répondant au nom de Marie. Alors que Joseph s'apprête à prendre Marie chez lui comme épouse, il découvre que Marie est enceinte, vraisemblablement d'un autre homme, puisqu'il n'en est pas l'auteur. Alors, il décide de la quitter secrètement sans la diffamer. Il ne veut pas détruire sa réputation, la livrer à la vindicte populaire, car annoncerait-il aux gens que Marie est enceinte, pour sûr, la foule irait la chercher pour la lapider, d'autant plus qu'elle semble être sortie avec un autre homme que son fiancé. Mais pendant ses réflexions, un ange lui apparut en songe et lui dit :

« *Joseph, fils de David, ne crains pas de prendre avec toi Marie, ta femme, car l'enfant qu'elle a conçu vient du Saint-Esprit.* » (Verset 20)

Au réveil, Joseph obéit à la voix de Dieu et prit Marie chez lui avec sa grossesse.

Joseph n'avait pas tort d'abandonner Marie. Les signes de culpabilité de sa fiancée étaient tellement évidents que toute personne sensée, agirait comme lui.

Certes, il y a des hommes qui ont épousé une femme enceinte. Ils ont rencontré une femme portant la grossesse d'un homme qui avait renié sa paternité, et ne voulant pas avorter, la femme a décidé de garder la grossesse. Et par la suite, elle a rencontré un homme capable de l'aimer avec cette grossesse, jusqu'à l'épouser. Ceci est un cas particulier. La grossesse existait avant la rencontre. Mais pour le cas de Marie, la grossesse est survenue après la rencontre. C'est donc établi qu'elle avait vu un autre homme et qu'elle était tombée sous le coup de l'adultère, de l'infidélité car en Israël, être fiancé était déjà assimilé au mariage. (Matthieu 1.18-20).

Dieu demanda à Joseph de prendre Marie telle qu'elle était avec sa grossesse. Dieu a parlé à Joseph à propos de sa future épouse. Cela prouve que Dieu continue à parler.

Après son rêve à propos du mariage dans lequel il se mariait avec une femme ayant le visage différent de celui de sa fiancée de l'époque, et à la suite du message reçu du prophète qui l'avait abordé, il prit la décision de prier durant une semaine.

Il vit dans un songe une fille venue lui remettre une clef et de l'argent. Il en était étonné, puisque la fille dans le songe était celle qui avait décliné son offre, quatre ans auparavant. Surpris, il lui posa la question de savoir pourquoi l'avoir repoussé. Elle lui répondit en ces termes : « C'est maintenant que Dieu veut que l'on se marie ». A son réveil, il réalisa qu'il s'agissait d'un rêve.

Tous les signes que le Seigneur lui avait donnés s'accomplirent. Il se dit : « Enfin, Dieu vient de me montrer la femme que je dois épouser. »

A dire vrai, humainement, Il n'était pas prêt à prendre cette fille en mariage : il l'avait vraiment aimée, mais lorsqu'elle a fini par repousser son offre du mariage et que malgré les insistances, elle campait dans sa position, il avait choisi d'aimer une autre de tout son cœur. La voir dans le rêve n'effaçait pas ses sentiments pour l'autre, d'un côté, et de l'autre, Il avait compris qu'il ne pouvait désobéir au Seigneur.

Le choix de Dieu n'a pas la même teneur que le nôtre. Puisque l'homme regarde avant tout ce qui frappe les yeux, ou touche les oreilles, mais Dieu regarde ce qui frappe le cœur. Lorsqu'on finit par l'accepter, l'on se rend compte à la longue que Dieu avait raison dans ce choix et nous vouloir au côté de telle femme ou de tel homme était la meilleure chose qui puisse nous arriver, car c'était pour notre bien. Dieu nous propose toujours ce qui est mieux par rapport à ce que nous nous proposons nous-mêmes. DIEU NOUS DONNE CE QUI NOUS VA, PAS FORCEMENT CE QUI NOUS PLAIT !

Raison pour laquelle, j'interpelle les fiancés qui liront ce livre et même ceux qui ont déjà doté et qui attendent la célébration du mariage, qu'ils se posent la question suivante : « Dois-je entrer dans ce mariage ? ».

Que la femme se demande : « Cet homme, est-il réellement mon mari ? Dieu nous voit-il ensemble ? ».

Que l'homme se pose également les mêmes questions : « Cette femme, est-elle mon épouse ? Dieu nous voit-il ensemble ? »

Au-delà du fait que nous nous soyons compatibles, que nos violons semblent s'accorder. Au-delà du fait que les gens soutiennent notre relation, que ce soit nos parents ou nos pasteurs, nos amis, nos collègues ! Dieu nous voit-il vraiment dans ce mariage ?

L'approbation, les encouragements de gens ne viendront pas bâtir un mariage sans Dieu, dans la mesure où la Parole dit clairement :

« Si l'Eternel ne bâtit la maison, ceux qui la bâtissent travaillent en vain… » **Psaumes127:1**

Si nous entrons dans un mariage que Dieu n'a pas approuvé, avec une personne que l'Eternel ne nous a pas destinée, lorsque les difficultés surgiront, nous serons seuls au front. Mais lorsque nous entrons dans un mariage approuvé par Dieu, au moins nous pouvons nous retourner vers celui qui nous a proposé le choix pour solliciter son intervention afin d'aplanir le chemin, réconcilier les parties. Nous pourrons recourir à sa médiation, car il sonde les cœurs et les reins ; il connaît le nombre des cheveux sur nos têtes ; il nous connaît mieux que nous-même et de ce fait peut appuyer sur la corde sensible pour désamorcer la crise.

Toute personne sensée avant d'entrer dans une relation devant aboutir au mariage, devrait se poser cette question : « ***Dieu me voit-il dans ce mariage*** ? »

La parole de Dieu nous dit : " *Dieu parle* cependant, *tantôt* d'une *manière*, *tantôt* d'une *autre*, et l'on n'y prend point garde » Job 33.14

Dieu, lorsqu'il approuve une union, il parle toujours notamment :

- En nous le révélant nous-mêmes ;
- En le révélant à nos encadreurs ;
- En le révélant à nos parents.

Parfois il utilise juste la voie de la conviction ou par les signes qu'il nous a donnés précédemment ou alors par les signes que nous lui demandons nous-mêmes tel fut le cas du Serviteur d'Abraham qui dit à Dieu : « *Que la jeune fille à laquelle je dirai*: '*Penche ta cruche* pour que je boive' et qui répondra: 'Bois et je donnerai aussi à boire à tes chameaux' soit celle que tu as destinée à ton serviteur Isaac ! Et par là je connaîtrai que tu use de bonté envers mon seigneur ». Genèse 24.14

CHAPITRE 2

LES CRITERES DU CHOIX DU CONJOINT

Par définition, le critère est « un élément de référence qui permet de juger, d'estimer, de définir quelque chose. Il montre le sens de ce qui est intéressant à évaluer pour répondre à la question d'évaluation. »[2]

La fondatrice du site http://coachsarah.fr/ et coach Madame Sarah pense que c'est très important de bien faire le choix de son partenaire idéal, on ne choisit pas son père ou sa mère ou sa sœur ni sa famille, mais on choisit son futur époux, car en faisant le mauvais choix de ton partenaire c'est toute ta destinée qui sera détruite.

Homme voici comment choisir sa femme : La Bible dit clairement: "Celui qui trouve une bonne femme, trouve le bonheur. Ce qui représente une très bonne chose" et je suis à 100% d'accord avec cela. Mais qui est une femme, une bonne femme?

A cela, parce que le dictionnaire vous dira qu'une fois une femme épouse un homme, elle devient maintenant une femme. Mais moi je crois qu'une bonne femme est celle qui restera toujours aux côtés de

---

[2]https://evaluation7etapes.fr/les-etapes/etape-2-les-criteres-et-indicateurs/

son mari pour prendre soin de sa famille et de son foyer, une personne qui aime malgré tout et la liste continue.

Comme dit le proverbe, derrière chaque grand homme, il y a une bonne femme.

Il faut savoir une chose que: Le mariage est une institution divine et merveilleuse. Il n'y a rien de tel que d'avoir le compagnon idéal pour faire ensemble le voyage de la vie.

Ce qui le rend spécial, c'est lorsque vous avez choisi une personne qui ne partage pas nécessairement tous vos intérêts, mais qui vous respecte au moins – et vous respectez également les siens.

Bien sûr, le mariage a ses défis. La clé est de choisir le bon partenaire dès le début.

Les hommes, comprennent que les femmes sont différentes. Elles pensent différemment des hommes! elles aiment contrairement aux hommes, et elles ont mal, contrairement aux hommes.

Certaines peuvent être plus indulgentes ; certaines pardonnent moins. C'est pourquoi il est essentiel que vous sachiez comment elle pense, comment elle réagit aux situations, ses valeurs, son éducation, pourquoi elle fait ce qu'elle fait, etc.

(Il est encore plus essentiel que vous sachiez qui vous êtes. Homme !)

Malheureusement, les hommes ont tendance à se concentrer sur les éléments visuels qui les stimulent et les poussent à faire le choix uniquement en fonction de ces éléments : La beauté physique, les paroles merveilleuses, l'affection, aussi leur désir sexuel fait partie des choses que certains hommes signalent au début.

Parfois, ces choses deviennent les raisons prédominantes pour commencer et développer une relation. Bien qu'elles soient importantes, elles ne devraient pas être la plus haute priorité pour nouer une relation à long terme pouvant conduire au mariage

Dans ce chapitre, nous allons souligner quelques critères non exhaustifs pour faire son choix tout en soulignant que plusieurs ont des faux critères ou des critères qui n'ont aucun impact sur la véritable vie en couple.

Pour ce qui est de Dieu, le choix doit aller au-delà des apparences pour toucher le cœur, l'intérieur, la vraie personne.

a) La personne à épouser devrait être la personne qui nous a été destinée. C'est le premier critère.

Aujourd'hui beaucoup compliquent inutilement Dieu. En réalité, personne ne peut compliquer Dieu, lui qui est Omniscient. C'est plutôt à nous même que nous risquons de nous compliquer la vie.

Nous compliquons les hommes de Dieu, nous compliquons la famille, nous compliquons la société.

Pourtant, nous avons à nous abandonner à la volonté de Dieu comme vu précédemment lorsque le serviteur d'Abraham va trouver une épouse pour Isaac.

Dieu, connaissant mieux Adam qu'il a créé, il lui a fait Eve de telle sorte qu'à son réveil, qu'il sente exactement le bonheur de dire : « A *cette fois* celle-*ci* est *os de mes os*, et chair de ma chair; on la nommera femme, parce qu'elle a été prise de l'homme. » Genèse 2.23

b) La foi

Si aujourd'hui nous devons nous passer de nos familles, tribus, ethnies, langue, nationalité… au nom de notre chrétienté, nous ne devrions cependant pas nous passer de la foi de la personne que nous voulons épouser.

C'est un bel homme, oui ! c'est une belle, Oui ! Excellent !! Mais quelle est sa foi ?

Le mariage tire sa source de Dieu, nous ne pouvons prétendre réussir le mariage avec quelqu'un qui ne croit pas en l'instituteur de ce dernier.

Voilà pourquoi la parole de Dieu est stricte en disant : « *Ne vous mettez pas* avec les infidèles *sous un joug étranger.* » 2Corinthiens 6.14

Epousez une femme ou un homme de votre foi, cela n'a rien à avoir avec les divisions dans l'église corps du Christ en termes de dénominations et surtout qu'elle soit une personne avec qui vous pouvez exercer votre vie chrétienne ensemble et dans une même assemblée afin que le choix de l'église ne devienne l'épine dorsale en début de votre mariage.

c) La réputation

Un garçon qui s'est conservé en écoutant et en mettant en pratique les conseils, les enseignements de ses parents, de ses responsables spirituels, doit-il subir une femme qui est passée entre les mains des hommes de plusieurs générations, malgré son jeune âge, qui a acquis une maturité sexuelle à faire pâlir certaines femmes mûres ?

Cela donne matière à rire pour plusieurs, et pourtant, c'est de la méchanceté. Un garçon qui s'est gardé chaste jusqu'au mariage, mériterait de commencer sa vie sexuelle avec une femme vierge qui s'est conservée malgré les assauts des hommes.

C'est méchant qu'un jeune homme qui vient de se marier ou qui entre dans la salle de fête de son mariage soit au bras d'une femme dont une dizaine d'hommes dans cette salle ont eu l'opportunité de connaître tous ses secrets d'Eve dans le jardin après la chute. Et que ces hommes se mettent à rire sous cape en étalant leurs souvenirs.

d) L'instruction

Alors que les autres étudient, elle a choisi de faire l'école buissonnière, comptant sur sa beauté pour espérer se caser dans la maison d'un riche, et elle tient à ce que cet homme qui s'est imposé la discipline d'étudier dans des conditions difficiles soit contrainte d'épouser une femme belle mais illettrée, qui passait son temps à fuir l'école, alors que ses parents avaient mis les moyens en jeu pour sa scolarisation. N'est-ce pas de la méchanceté ?

On comprendrait que cela ne dépende pas de la personne elle-même. Il ne s'agit pas seulement des femmes. Les hommes sont aussi concernés !

Pourquoi une femme qui est allée à l'école primaire, secondaire, et à l'université, doit-elle subir un homme qui refusait d'étudier, préférant dépenser les frais scolaires dans les bars du coin, trompant ses parents qu'il fréquentait l'université sans que cela soit vrai, cette femme doit-elle subir un tel homme parce qu'il est allé dans une montagne prier pour que Dieu fasse qu'elle devienne sa femme !

Même si Dieu lui avait destiné une telle femme, il devrait se gêner, faire amende honorable et ne pas imposer son ignorance à une telle femme.

Ceux qui ne se sont pas encore mariés ont intérêt à ne pas compliquer la tâche à leurs futurs partenaires en refusant de créer des conditions d'attractivité. Il ne faut pas que la personne qui nous est destinée nous trouve dans un emballage compliqué. Et que nous le poussions dans un choix cornélien. Nous devons nous abstenir de compliquer la vie des personnes qui nous sont destinées en menant une vie qui plait à Dieu, et non en nous mettant au service de la chair.

Même si une personne nous est destinée, il est important que nous nous abstenions de porter un emballage qui ne va pas lui plaire. Pour éviter de lui donner un grand travail, celui de se convaincre elle-même, de convaincre ses parents, de convaincre son entourage.

e) La virginité ou la chasteté

Nous pouvons être le choix de quelqu'un et nous mettre dans la peau d'une personne que l'autre ne pourra pas facilement accepter ou supporter.

La Bible parle de la dot de la vierge, celle qui est versée pour une fille qui n'a jamais connu d'hommes. Elle montre qu'il y a une dot pour les vierges et une pour celles qui ne le sont plus. Même dans certaines traditions, dans la liste des biens à remettre pour la dot, on ajoutait toujours quelque chose pour montrer que la fille était vierge. Par contre, lorsque la fille ne l'était plus, soit parce que l'homme lui-même était à la base, ou si elle ne l'était plus pour diverses raisons, ces choses ne figuraient pas sur la liste.

Aujourd'hui, les gens jouent à la mascarade : même lorsque la fille n'est plus vierge, l'on demande tout comme si elle l'était. Et les parents sont bien conscients que leur fille est passée entre plusieurs fiancés qui se sont servis à cœur-joie. Ce qui n'est pas bien. Ne pas respecter ce qu'enseignent la Bible et la coutume, c'est mentir à Dieu, et aux hommes. On ne peut pas prétendre être chrétien et se moquer autant de Dieu ou de la coutume.

Beaucoup pensent que tout ce qui vient de la coutume est satanique. Ce qui est loin de la vérité. Tout dans la coutume n'est pas mauvais. La coutume n'est pas égale à la sorcellerie. Dans la Bible, on trouve des coutumes juives. Et dans nos coutumes plusieurs prescriptions se retrouvent dans la Bible.

Ce n'est pas parce que l'on a trouvé dans la coutume quelques déviations, quelques écarts entre la coutume et la Bible qu'on doit croire que la coutume est à rejeter en bloc. Personne ne se marie dans nos pays selon la coutume juive. Même ceux qui critiquent la coutume en la traitant de sorcellerie, établissent une liste de biens pour la dot. Il y a beaucoup d'actes coutumiers que nous continuons à poser tout en étant chrétien ou pourfendeur de la coutume.

Nous violons les règles bibliques, les prescriptions coutumières. Ceci est un appel à la conscience : faisons ce qui est juste et correct : il existe une dot pour les vierges et une autre pour les non-vierges. Jouer à la mascarade ne fermera pas les yeux de l'Eternel ou ne falsifiera pas la vérité et la réalité de ces filles pour qui l'on exige la dot des vierges mais qui ne le sont plus. Sexuellement, elles ont franchi la rivière pour aller goûter au fruit défendu avant le mariage.

La virginité est un des critères qui entre en ligne de compte dans le choix d'une femme. Et pour les hommes, on devrait parler de la chasteté, bien que pour l'homme, cela ne soit pas visible et démontrable. Nul ne peut physiquement déterminer si un garçon a oui ou non couché avec une femme : il n'y a rien qui se déchire, qui donne des preuves selon lesquelles le jeune homme a déjà perdu sa chasteté.

Ensuite, les femmes ne sont pas exigeantes en cette matière, car dans nos sociétés, c'est l'homme qui va épouser la femme. C'est l'homme qui trouve la femme. Il lui serait difficile d'exiger la chasteté de son futur mari, passée ou présente.

Supposons qu'une femme destinée à un homme qui place la virginité sur la tête de la liste des critères de son choix, mais qu'elle ait perdu sa virginité avec un homme qui ne lui était pas destinée ! Cette femme peut-elle imposer à un jeune puceau le fait de l'accepter pour le mariage tel qu'elle est, en avançant comme argument : « Tout le monde a des faiblesses » ?

Certes, la virginité semble avoir perdu son sens moral et son poids éthique, elle demeure pour autant une valeur.

f) Les autres Critères

La liste ci-dessus n'est pas exhaustive, il y a autant de critères qui sont objectifs pour les uns et subjectifs pour les autres et ne pesant pas un même poids. Toutefois, les futurs conjoints devraient vérifier ce qu'ils aiment en l'autre notamment :

- Les valeurs communes ;
- Le besoin de présence ;
- Des intérêts communs ;
- Les traits de personnalité ;
- L'attirance physique…

CHAPITRE 3

LES ENNEMIS DU MARIAGE

Il y a cinq ennemis du mariage parmi lesquels nous citerons : l'infidélité, la polygamie, le divorce, la stérilité, le veuvage.

1° Infidélité

Nous ne parlons pas ici de l'infidélité dans le sens général mais plutôt de **L'infidélité conjugale, ou adultère**, est une relation sexuelle d'une personne mariée avec quelqu'un d'autre que son conjoint.[3]

On parle de l'adultère lorsque l'homme va vers la femme d'autrui pour coucher avec elle. Il peut également s'agir d'une femme qui s'en va avec un homme marié. Elle a commis l'adultère vis-à-vis de son mari, comme l'homme avec qui elle a couché a commis l'adultère vis-à-vis de son épouse.

Il faut reconnaître que l'homme qui a couché avec une autre femme que la sienne, que celle-ci soit mariée ou célibataire, est infidèle vis-à-vis de son épouse. De même, la femme qui se lie à un autre homme autre que son mari et couche avec elle, commet l'adultère, et de ce fait est infidèle à son mari. Le fait qu'elle se soit donnée à un autre homme, elle a manifesté de l'infidélité à l'égard de son mari.

---

[3] https://www.gotquestions.org/Francais/infidelite-conjugale.html

Sous cet angle, l'adultère est inclus dans l'infidélité. Lorsque nous parlerons des cas d'adultère ; nous les inclurons dans l'infidélité conjugale.

Une question se pose par rapport à la fidélité avant mariage et après la célébration solennelle du mariage.

Généralement, pour les chrétiens qui marchent avec Dieu, avant le mariage, ils ont tendance à se consacrer à la future épouse, au futur époux. Lorsque le choix est fait et l'attrait est fort, les défauts et certaines faiblesses ou manques sont occultés, en tout cas, très peu les voient, et ceux qui le voient et qui tiennent à la personne, en mettant sur la balance les qualités, les forces, les potentiels de la personne aimée, considèrent que ces faiblesses ou manques sont acceptables et qu'ils peuvent cheminer vers le mariage.

En tout cas, on trouve à l'élu de son cœur plus des qualités que des défauts.

Plusieurs mettent sincèrement fin à toute autre relation qu'ils avaient avec des copines, des amies que l'on voulait épouser, pour éviter de blesser le partenaire, éloigner des possibles scènes de jalousie.

Avec le mariage, l'euphorie est encore là, le rêve qui a élu domicile se porte bien pendant les premiers jours, les premiers mois, et pour certains, les premières années de la vie commune.

Seulement, la vie en commun permet de découvrir des défauts que l'on ne soupçonnait pas, met en doute des qualités que l'on croyait apercevoir. Certes, la vie conjugale crée une certaine proximité, développe un attachement entre les époux, pour certains elle provoque la promiscuité, quand ils réalisent qu'ils s'étaient trompés sur certains points. Ces manques, ces faiblesses poussent d'autres à aller regarder si l'herbe est verte ailleurs, ce qui n'est pas toujours vrai car nous connaissons des hommes qui ont des femmes presque parfaites mais qui détonnent.

La réalité est qu'il est possible d'imprimer ce qui nous attire ailleurs sur son conjoint c'est-à-dire ramener ce que nous désirons et apprécions dans notre conjoint. Néanmoins, pour le faire, il convient de lui être notamment fidèle. On ne peut pas à la fois brouter l'herbe chez les voisins à tout moment et rêver d'avoir chez soi un jardin de délices.

L'infidélité n'est pas une bonne chose. Le diable nous l'impose pour empêcher la main de Dieu de se manifester et d'agir abondamment dans notre vie.

Nous devons noter que Dieu ne soutient pas l'infidélité. Au contraire, il s'y oppose. Il l'a clairement exprimé à maintes reprises :

« Parce *que* l'Eternel a *été témoin entre toi* et la *femme* de *ta* jeunesse, A laquelle *tu* es *infidèle*, Bien qu'elle soit *ta* compagne et la *femme* de ton alliance. » Malachie 2.14

En lisant Matthieu 19.9 « Et *je vous dis* que *quiconque* répudiera *sa femme*, non *pour* cause *de* fornication, et en épousera une autre, commet adultère » L'infidélité reste une cause officielle et accordée par les écritures pour le divorce si l'autre conjoint ne peut pardonner le forfait de son conjoint.

La fornication pour laquelle on peut demander le divorce n'est pas celle qui est uniquement présente, même la fornication passée peut être un motif pour qu'un homme puisse rompre (vice versa). A moins qu'il décide de pardonner.

Un homme ayant versé sa dot pour prendre en mariage une femme qui lui cache son passé et qui finit par découvrir la nature fornicatrice de son épouse, dispose de deux options : soit pardonner ou arrêter le mariage.

La Bible s'oppose à l'infidélité. On ne peut pas quitter sa femme pour aller vers une autre, ou quitter son homme pour aller vers un autre.

Doit-on dans ce cas demander à un homme de demeurer fidèle à sa femme en se basant sur la contrainte biblique ? A cette question, je répondrai : Oui.

Mais, dans ce livre, nous voulons aller plus loin en nous posant cette question :

Si l'infidélité n'était pas épinglée dans la Bible, les hommes chrétiens seraient-ils fidèles à leurs épouses ?

On peut épiloguer là-dessus durant longtemps.

Il existe des coutumes qui exigeaient la fidélité de la femme, et nullement celle de l'homme.

Comme, il y a des coutumes qui accordaient une certaine liberté à la femme d'avoir les relations sexuelles avant le mariage, et même d'enfanter pour que l'on soit assuré de sa fertilité.

Nos coutumes ne doivent pas annihiler le message de la Bible.

Malgré cela, nous ne pouvons pas exiger à l'autre d'être fidèle par contrainte. Même en ne se basant que sur la Bible. Nous ne devons amener l'autre à demeurer fidèle aussi lorsque nous ne créons les conditions propices pour qu'il (elle) le soit. Nous pouvons aller au-delà, faire en sorte que l'autre soit fidèle, dans ce sens que lorsqu'elle nous regarde, elle trouve qu'en dehors de nous, il n'existe pas un autre.

Rien ne fragilise autant le mariage que l'infidélité.

La polygamie, le divorce, la stérilité, le veuvage, ne sauront autant impacter le mariage que l'infidélité. Celle-ci est la base de la polygamie et du divorce.

On ne peut pas devenir polygame sans au préalable être infidèle. C'est une infidélité conçue dans son cœur, le désir d'aller chercher ailleurs ce qui manque ou ce que l'on aimerait avoir chez sa femme qui pousse à la polygamie.

Et la plupart de ceux qui ont divorcé sont passés par la case de l'infidélité. Lorsqu'un homme est fidèle à sa femme et celle-ci est fidèle à son mari, tant qu'il y a communication, compréhension et recherche d'intérêts communs, il sera difficile que le divorce frappe à leur porte. Par contre, lorsque l'infidélité s'est enracinée, l'homme peut croire qu'il trouvera mieux ailleurs, autant que la femme. Mais une fois un homme ne pense qu'à sa femme, ne voit que sa femme, il saura se sacrifier pour elle, mais s'il sait qu'il peut trouver une autre ailleurs, il ne se donnera pas la peine pour sauver son couple, son foyer, son mariage. Il acceptera le divorce comme une solution, comme voie de sortie.

De même une femme attachée à son mari et qui lui est fidèle, aura tendance à s'imposer toutes sortes de discipline, de dépassement de soi pour maintenir vivant son mariage.

Il faut d'ailleurs reconnaître que les femmes contribuent plus que les hommes au maintien de plusieurs foyers. Elles font parfois plus de sacrifices que les hommes dans le domaine de la fidélité et ailleurs.

Mais lorsqu'une femme pense qu'en se remariant, elle trouvera mieux ailleurs, elle ne ménagera aucun effort pour s'en aller. Surtout lorsqu'il y a une personne en vue qui lui promet monts et merveilles. Elle peut divorcer.

Malachie 2,13-14

« *Vous couvrez des larmes l'autel de l'Eternel, de pleurs et de gémissements, en sorte qu'il n'a plus égard aux offrandes et qu'il ne peut rien agréer de vos mains. Et vous dites : Pourquoi ?... Parce que l'Eternel a été témoin entre toi et la femme de ta jeunesse, à laquelle tu es infidèle, bien qu'elle soit ta compagne et la femme de ton alliance.* »

L'infidélité pousse Dieu à fermer les yeux sur nos offrandes et à fermer les oreilles à nos prières.

Le chrétien infidèle qui voit son couple prospérer, ses affaires bien marcher, ne doit pas se leurrer. Cela veut dire que le diable attend le bon moment.

Il n'est pas tard pour celui est déjà tombé dans l'infidélité. Il peut se relever, en se repentant sincèrement, en confessant ses péchés, pour se faire pardonner afin de repartir sur de nouvelles bases, car l'infidélité ne produit point de bonnes œuvres. Les gens se lamentent et pleurent. C'est parce que beaucoup ne sont pas fidèles. Ils exigent ce qu'ils sont incapables de donner.

Il faut être fidèle dans son mariage, parce que l'Eternel qui en a été témoin, ne supportera pas l'infidélité.

Force est d'ajouter qu'un homme infidèle ou l'homme qui a choisi volontairement, c'est-à-dire en âme en conscience d'être infidèle devrait accepter que sa femme sorte également avec un autre homme !

Pourtant l'humain n'a pas été créé comme ça, c'est là que le mot « jalousie » trouve tout son sens même si que l'on ne supporte on l'est contre l'autre.

Combien d'hommes seraient Capables d'accepter que leurs femmes les trompent autant qu'eux-mêmes le font ? Pourquoi vouloir faire à autrui ce que vous ne voulez pas que l'on vous fasse.

Même la femme ne mérite pas qu'on la trompe.

Peu importe ses défauts ou ses faiblesses. En aucun cas, le caractère d'une femme, ses défauts, ses manques ou faiblesses ne peuvent servir de justificatif pour une éventuelle infidélité. Le caractère d'un mari, ses faiblesses et ses défauts ne constituent pas des raisons suffisantes pour rendre sa femme infidèle.

En fait tromper sa femme ou son mari, n'est qu'un symptôme d'une maladie plus grave qui est l'infidélité envers Dieu et envers soi-même. Celui qui trompe son mari ou sa femme souffre d'infidélité envers Dieu et envers lui-même.

Lorsqu'on cesse d'être fidèle envers Dieu et envers soi-même, c'est en ce moment que l'on franchit le pas vers l'infidélité envers l'autre. C'est pourquoi, en tant qu'enfants de Dieu, la maturité spirituelle est capitale : nous devons être assis dans la Parole de Dieu, et vivre dans la stabilité avec l'aide du Saint-Esprit afin de ne pas aller en dehors de ce que la Parole de Dieu nous recommande. Ainsi, nous devons être fidèles, parce que c'est le modèle que nous voulons imprimer dans d'autres personnes.

Si l'infidélité était une bonne chose, pourquoi l'on ne s'y livre qu'en cachette. On le ferait plutôt au vu et au su de tout le monde. Personne n'aurait eu honte d'être découverte.

A cause de ce qui précède, il s'avère nécessaire qu'un couple d'enfants de Dieu doit apprendre à s'arrêter, faire un examen de conscience pour voir si chacun est encore fidèle.

Sinon, il faudrait se lancer dans un travail conscient et engagé de chacun pour ramener la fidélité qui doit continuer à régner dans le mariage.

L'infidélité ne commence pas le jour où l'on couche avec une autre personne autre que son partenaire, mais, elle commence le jour où l'on commence à éprouver des sentiments forts pour une autre personne qui n'est pas son épouse ou son époux. Lorsqu'on tend son oreille pour écouter les confidences d'une femme autre que la sienne et qui nous attire et l'on cherche son approbation pour ce qui nous froisse dans notre couple ou lorsqu'on cherche une oreille attentive pour déverser ses déboires conjugaux et que celle-ci trouve à redire contre notre épouse et se mette à attirer notre sympathie, nous avons embrassé la voie de l'infidélité, nous avons commencé à être infidèles à notre femme. Lorsqu'un homme trouve sa joie ailleurs que dans son foyer, auprès de sa femme, il est dans l'infidélité, du moins a commencé à la côtoyer. C'est dans son épouse que l'on doit trouver sa joie :

« *Que ta source soit bénie, et fais ta joie de la femme de ta jeunesse…* » (Proverbes 5,18).

Non seulement, nous devons trouver notre joie dans la femme que nous avons épousé, en réalité, c'est nous qui devrions faire sa joie, la provoquer, l'amener.

Lorsque nous cessons de faire la joie de la femme de la jeunesse pour faire la joie d'une amie, d'une collègue, d'une connaissance qui nous a attiré par les sentiments amoureux, là commence notre infidélité. Cela est une mauvaise chose. Nous marchons à l'encontre de la Parole de Dieu. Nous avons commencé à creuser petit à petit la tombe de notre mariage.

Soulignons également qu'il existe aussi d'autres sortes d'infidélités notamment celles spirituelle et financière qui déstabilisent les couples lorsqu'elles sont mal gérées même si elles n'ont pas la même pondération que celle sexuelle.

2°. La polygamie

Je suis né d'une famille polygame. Mon père avait une vingtaine d'enfants nés de 4 épouses. Lorsque je parle de la polygamie, je ne parle pas des notions apprises dans des livres, ou des observations faites dans mon environnement, mais des déchirements, des situations vécues dans ma chair. Des jalousies à peine voilées, des efforts titanesques pour sauver les apparences et garder un semblant d'unité. Dieu n'a jamais été d'accord avec la polygamie. Ceux qui se sont lancés sur cette voie, n'avaient pas le soutien de Dieu. Ils se sont laissés conduire par une décision charnelle, la volonté d'assouvir les désirs de la chair.

Lorsqu'Abraham est allé auprès d'Agar, ce n'était point avec la bénédiction de Dieu. C'est poussé par son épouse Sarah qu'il a cédée par la suite, ayant pris goût, il a épousé d'autres femmes sans que Dieu ne l'ait poussé. Si Dieu avait approuvé la polygamie d'Abraham, il ne lui aurait pas conseillé d'écouter son épouse Sarah, et n'aurait pas laissé Agar s'en aller. D'ailleurs, Dieu n'aurait pas parlé de « ...ta servante. Accorde à Sara tout ce qu'elle te demandera » en s'adressant à Abraham, mais de ta deuxième épouse, car Agar aurait été considérée comme la coépouse de Sarah. Genèse 21.12

Si la polygamie était approuvée de Dieu, il aurait poussé Isaac à prendre plusieurs épouses. Dès le commencement, il n'aurait pas donné à Adam la seule Eve, mais Eve avec sa coépouse. Dès le commencement, en donnant à Adam une et une seule épouse, Dieu montrait l'idéal.

La polygamie n'est qu'une manie de vivre en cédant aux caprices de la chair au-delà de ce que les besoins naturels exigeraient.

Aucun homme ne peut mourir parce qu'il est attaché à une seule femme et ne vivre que s'il s'unit à deux ou plusieurs femmes. La polygamie n'est donc pas une question de vie ou de mort ou une nécessité de survie.

On ne peut pas devenir polygame sans être infidèle. Si Dieu peut sanctionner l'infidélité, il ne peut pas applaudir ce qui conduit à l'infidélité. L'infidélité est le fait de trahir ses vœux.

Lorsqu'un homme épouse une femme, il ne commence pas par lui dire qu'il l'épouse et qu'ensuite, il en épousera deux autres. Généralement, il lui promet de ne vivre qu'avec elle, de lui être fidèle.

C'est bien après qu'il cherche ou prend une seconde femme. Briser le vœu que l'on avait fait à sa femme, c'est faire montre d'infidélité. On ne respecte pas la parole donnée à sa femme le jour où l'on lui a mis la bague au doigt ou tout simplement le jour qu'on a décidé de l'épouser.

C'est donc méchant d'épouser une femme et de décider de façon unilatérale de partager sa joie, ses droits, ses avantages, avec une autre femme, parce que l'on est le mari, parce que l'on est celui qui rapporte de l'argent à la maison, parce que l'on est le chef établi par Dieu. Être chef ne veut nullement dire, abuser de son autorité.

L'homme n'a qu'un seul cœur. Soit, il le donnera à la première, soit il le donnera à la deuxième. Il est impossible d'aimer les deux femmes du même amour, à part égale. Le cœur se penchera vers l'une plus que vers l'autre.

Lorsqu'un homme épouse une deuxième femme, cela veut dire qu'il aime la deuxième plus que la première ou encore, il n'aime plus la première. Il la garde à cause de l'histoire qu'ils ont bâtie ensemble ; à cause des souvenirs. S'il prétend toujours aimer la première, tout porterait à croire que la deuxième est là pour un intérêt particulier : il l'a épousé pour sa satisfaction sexuelle, pour des raisons économiques, pour un problème d'égo personnel, de considération sociale. Il veut assouvir un besoin personnel ou social que la première n'est plus à mesure de combler dans l'état actuel. C'est pour cela que l'on trouve ces hommes qui épousent des jeunes femmes universitaires, parce que leur épouse de jeunesse n'a pas un cursus universitaire, n'a peut-être pas obtenu le diplôme d'Etat (bac).

On a vu des professeurs d'université qui s'étaient mariés à l'époque de leur vie estudiantine prendre une seconde femme plus jeune et plus instruite, parce que la femme qu'ils avaient épousé à l'époque n'avait pas le niveau intellectuel comparable au leur, mais à l'époque, elle les avait aidés par son soutien financier à achever l'université, à les nourrir, à les vêtir, avec le petit commerce qu'elle exerçait.

Ils étaient venus de la province et n'avaient aucun soutien dans la capitale ou dans la ville. Ces femmes ont été leur véritable point d'appui, leur bouée de sauvetage. Parfois en signe de reconnaissance, ils les ont prises pour épouses. A force de vivre ensemble, l'amour a semblé naître. En réalité, il n'y avait pas vraiment d'amour véritable, solide. Lorsque leurs conditions sociales s'améliorent et qu'ils ne peuvent plus dépendre de ces femmes, ils ont tendance à regarder ailleurs, à trouver celles qui correspondent véritablement à leur goût, leur niveau actuel.

Cela n'est pas une excuse, car s'ils le voulaient, ils auraient pu aider leurs épouses à s'élever intellectuellement car il n'y a pas d'âge pour apprendre.

Certains se sont mariés avec des femmes alors qu'ils n'avaient aucune grande ambition dans la vie. Ils n'avaient jamais rêvé grands. Le hasard du destin les a conduits à se retrouver ministres, personnes élevées en dignité. Alors, les épouses de leur jeunesse paraissent incompatibles avec leur statut actuel. Aussi cherchent-ils à épouser une deuxième femme.

L'amour comprend tout, l'amour pardonne tout, l'amour excuse tout. Il ne pense pas du mal, ne cherche pas à blesser l'autre, à le faire souffrir. Et si l'on se permet de blesser l'autre, c'est un signe que l'amour n'est plus ou n'a jamais été.

Au-delà du fait que la polygamie n'est pas soutenue par Christ, il présente beaucoup d'inconvénients sur le plan moral, sur le plan spirituel, sur le plan financier, matériel, etc.

Ceux qui n'ont pas vécu dans un foyer polygamique éprouveront du mal à comprendre beaucoup de choses. Mais lorsqu'on fréquente un tel foyer, on finit par comprendre que la vie des polygames n'est point rose comme elle pourrait donner l'impression de prime abord pour ces hommes qui rêvent d'avoir plusieurs épouses.

Ce n'est pas facile pour les enfants de vivre dans un foyer constitué des enfants nés de plusieurs mères.

Une femme qui vient en second est généralement jalouse de la première, sans réaliser qu'elle est venue après la première qui draine derrière elle toute une histoire, un passé composé des pierres d'événements douloureux comme heureux pavant sa voie. Généralement, la seconde épouse cherche à détrôner la première dans le cœur du mari ; elle envie son statut et aurait voulu être à sa place.

De l'autre côté, la première femme ne sera jamais contente de la deuxième qui vient détruire son mariage.

Les mères ayant la capacité de transmettre leurs sentiments à leurs enfants, même sans rien dire, vont créer des antécédents, des oppositions, des frictions latentes. Les enfants de la première vont considérer que la deuxième femme est une intruse qui veut prendre la place de leur mère. Les enfants de la seconde vont se croire martyrisés par les enfants de la première femme, simplement pour de motif de jalousie.

On peut imaginer un homme marié qui passe la nuit avec la seconde épouse dans un autre foyer, et pendant ce temps, un enfant tombe malade dans le foyer de la première épouse. Ou vis-versa. Dans cette situation, la femme devant amener l'enfant à l'hôpital appelle le mari qui ne répond pas, quel pourrait être l'état de ses sentiments ! Et les enfants voyant tout cela ne pourraient pas toujours porter leur père dans leur cœur. Raison pour laquelle dans le mariage polygamique, les enfants sont parfois plus attachés à leurs mères qu'à leurs pères, ou éprouvent plus d'amour envers leurs mères que leurs pères. Simplement parce que l'affection de leur mère a été permanente, sans partage.

Tandis que l'affection de leur père est partagée. Il ne peut pas déverser autant d'amour sur tous les enfants de la même manière. Le papa polygame est obligé de partager son amour entre les enfants de la première et de la deuxième femme. Vient toujours un moment où il privilégie un groupe au détriment de l'autre.

Les inimitiés, les rivalités naissent donc plus facilement dans ces foyers que dans ceux dont les parents sont monogamiques.

On le voit avec Abraham : La rivalité entre Isaac et Ismaël continue encore aujourd'hui.

Les enfants de David se sont entretués avec facilité, légèreté, parce que nés de mères différentes.

Un polygame est un producteur des jaloux et des jalouses. C'est un producteur des opposants, pire, des ennemis. C'est un producteur des rivaux et des rivales.

Il faut que Dieu intervienne pour empêcher que des catastrophes ne se produisent dans le foyer.

Ce n'est pas d'un bon sens qu'une personne peut se permettre d'épouser une seconde femme. Aucune femme ne mérite d'avoir une rivale, peu importe son comportement, son caractère.

Nous ne pourrons pas nier qu'il y a des femmes qui creusent le lit de la polygamie dans leur manière de vivre avec leurs maris, leurs belles-familles, les amis et entourages de leurs époux. Par leurs caractères, par leur langage, par leurs actions, elles poussent leurs maris à aller voir ailleurs. Elles développent un environnement malsain pour la monogamie.

Ceci n'est pas un chèque remis aux hommes pour encaisser la polygamie.

Lorsqu'un homme épouse une femme dans la précipitation et parvient par la suite à découvrir autant des fautes, des comportements qui laissent à désirer dans le chef de son épouse. Ce n'est pas la faute de la femme, mais du mari qui n'a pas pris le temps de chercher à connaître sa future épouse alors qu'ils cheminaient dans les fiançailles. Il y a des hommes qui entrent en amour comme une personne qui entre dans les latrines sous la menace de la diarrhée : avec précipitation, sans chercher à en savoir davantage sur l'environnement qui l'accueille.

Le mariage n'est pas une partie de jeu pour le divertissement. Il engage la vie et ses retombées concernent toute l'existence. Celui qui s'engage dans le mariage avec légèreté en paiera le prix. Voilà pourquoi nous avons posé la question : « *Dois-je entrer dans ce mariage* ? ».

Est-ce la bonne personne, est-ce la personne qui m'est destinée ? Est-ce Dieu m'y conduit, me soutient-il ? Marchera-t-il avec moi dans la tempête ou dans la vallée ?

Lorsque Dieu est celui qui guide le choix, qui bâtit la relation et ouvre les portes du mariage, on peut se marier sans fiançailles, néanmoins, l'on épousera la bonne personne. Tel est le cas d'Isaac.

Notre choix personnel n'est pas toujours basé sur des critères vitaux, parce que nous ne connaissons pas profondément la personne qui est en face de nous et qui nous séduit ou nous plaît. L'apparence est trompeuse. Son extérieur n'est pas la copie de son intérieur. Le sourire sur ses lèvres ne traduit pas la gentillesse de son cœur. Il ne faut donc pas se tromper sur ce point. Dieu est le seul qui sonde le cœur et les reins. Rien n'est caché devant sa présence : Il voit tout, il sait tout.

L'associer dès le départ dans l'aventure amoureuse donne des résultats très intéressants et épargne de beaucoup de déboires. Ceux qui le font ne le regrettent jamais :

« *Ceux qui se confient à l'Eternel renouvellent leur force. Ils prennent du vol comme les aigles ; ils courent, et ne se lassent point, ils marchent, et ne se fatiguent point* » (Esaïe 40,31)

Souvent, nos mariages se brisent, plongent dans l'infidélité et aboutissent par le divorce parce que nous commençons par « snober » le Seigneur et nous ne l'impliquons que lorsque tout va mal. Cette façon d'agir conduit à l'échec. Il est l'alpha et l'Oméga, non pas L'Oméga seulement, ou l'Alpha uniquement. Il doit être au commencement de toute chose et également à la fin de la partie.

3° Le divorce

Le divorce est la rupture officielle d'un mariage civil ou religieux liant précédemment deux personnes ou plusieurs en cas de polygamie. En droit il se distingue de la séparation de fait, sans conséquence juridique, et de la séparation de corps qui est reconnue juridiquement mais qui laisse subsister le mariage.[4]

Dieu ne soutient pas la répudiation. Il ne permet pas à l'homme de se séparer de sa femme pour le bon plaisir de l'homme, pour un oui ou pour un non. Dieu n'autorise l'homme à divorcer qu'en cas d'adultère. Même en cas d'adultère, il y a encore une ouverture : c'est le pardon.

Une femme qui a commis l'adultère peut être pardonnée. Si l'homme décide de pardonner sa femme ou la femme décide de pardonner son mari, ils peuvent repartir sur de nouvelles bases.

Le divorce est également une suite d'infidélité. Lorsqu'on épouse une femme, on entend des hommes, peut-être sous le coup de l'émotion, ou pour impressionner les invités à la cérémonie, proclamer devant tous qu'ils aimeraient leurs femmes, les femmes renchérir qu'elles aimeraient leurs maris, jusqu'à ce que la mort les sépare. Qu'ils

---

[4] https://fr.wikipedia.org/wiki/Divorce

sont unis pour le meilleur et pour le pire. Le pire n'est pas que la maladie ou le manque d'argent. Le pire n'est pas que la faiblesse sexuelle.

C'est l'infidélité qui pousse à renoncer au vœu que l'on a fait le jour du mariage. D'autant plus que ce vœu nous lie pour la vie.

Ce n'est pas bien de prendre la fille d'autrui, de s'unir à elle par le lien du mariage et de se décider à l'abandonner, parce qu'elle a grossi, parce que l'on ne parle plus le même langage financier, parce qu'on a été attiré par plus jeune qu'elle, parce qu'on s'est laissé séduire par les sirènes de la beauté et que l'on commence à chercher des raisons sur cette femme qui hier encore était placée sur le piédestal, mais parce que l'on veut répondre aux caprices de la chair, parce que l'on s'est disputé avec le contentement, on décide de la détrôner.

Personne ne subit le divorce totalement de manière passive sans être à même de réagir, d'agir pour éviter le pire. Un divorce arrive parce que les deux parties ont contribué à son avènement d'une manière ou d'une autre ?

Si chacun de nous pouvait se demander : « Qu'est-ce que je fais et comment est-ce que je vis pour que mon mari ou ma femme ne divorce pas de moi ? », les réponses nous éviteraient bien des séparations.

Au-delà de tout ce que nous pouvons donner comme théorie doctrinale, biblique, sociale, au-delà de toutes les conditions coutumières, certains hommes iront en enfer pour avoir été à côté d'une telle ou telle femme. Et des femmes qui iraient en enfer parce qu'elles ont été à côté d'un tel homme.

Certes, les murs ont des oreilles, mais ils cachent beaucoup des drames, beaucoup des réalités, des situations invivables, des hommes et des femmes à qui l'on mène une vie dure, parce que le partenaire sait qu'ils sont chrétiens et qu'ils ne sont pas susceptibles de divorcer aussi facilement. Parce que l'on sait que sa foi le poussera ou la poussera à supporter certaines choses, alors on en profite dans toute sa méchanceté à lui faire subir un certain « enfer ».

Le mariage ne doit pas être vécu avec les seules garanties chrétiennes. L'on ne doit pas baser le mariage sur les seuls versets bibliques qui du reste ne sont pas mis en pratique. Il faut que chacun fournisse un peu d'efforts pour que l'autre se sente réellement aimé et attiré pour ne pas être tenté de regarder ou de chercher ailleurs, à l'extérieur. Chacun dans le mariage doit se remettre en cause et se poser quelques questions :

-Est-ce avec moi, mon partenaire, ma partenaire est en paix ou rassuré ?

- Avec moi, est-il dans la joie, est-elle dans la joie ? L'autre s'épanouit-il à mes côtés ?

- Avec moi, peut-il atteindre ses objectifs ? Suis-je préoccupé par ses problèmes pour l'aider à les surmonter ?

- Suis-je réellement l'aide semblable pour mon mari ?

- Ai-je vraiment de l'amour pour mon épouse ? Est-ce que je le prouve suffisamment ?

L'on ne peut pas vivre à côté d'une personne, sans s'intéresser à ce qui le branche, ce qui l'émeut, ce qui le touche vraiment, ce qui lui permettrait de s'épanouir. Pourquoi être un élément neutre dans le mariage comme zéro est l'élément neutre dans l'addition ?

Femme+ Mari= Femme !

Mari+ Femme=Mari !

Il y a des hommes qui sont là juste pour faire des enfants à leurs femmes et parfois pour apporter la nourriture dans le foyer. Les sentiments, les problèmes, les difficultés de leurs femmes ne les concernent pas. Ils sont plus intéressés par la compagnie de leurs camarades et amis avec qui ils partagent le pot, avec qui ils suivent le sport, passent du temps, que la vie de leurs épouses.

Ces femmes qui s'épanouissaient seules, qui évoluaient alors qu'elles étaient célibataires, se retrouvent en train de régresser une fois mariées, alors que la Bible dit que deux valent mieux qu'un.

Le mariage devrait être ce lieu où lorsqu'un homme ou une femme se trouvait au point A, après le mariage, se retrouvent au point C ou D et non ce lieu de recul, où l'on se retrouvait au point D, mais après le mariage, on se retrouve à la case de départ, au point A ou B.

La vérité est que l'homme porte la femme et la femme porte son homme pour mieux se déployer dans l'accomplissement de leur destinée.

Nous devons éviter d'être la voie qui conduit son partenaire à l'enfer.

« *L'Eternel vit que la méchanceté des hommes était grande sur la terre, et que toutes les pensées de leur cœur se portaient chaque jour uniquement vers le mal.* » (Genèse 6,5)

Dieu a créé l'homme, l'a équipé pour la vie. C'est encore lui qui a décidé de récupérer l'homme qui était perdu en lui accordant le salut par son fils Jésus-Christ. C'est toujours Dieu qui donne à l'homme le courage de gagner tout ce que l'homme possède. Malgré cela, l'homme a décidé d'abandonner Dieu pour aller vers le mal. Abandonner Dieu qui lui a tout donné ! Peut-on alors être étonné que l'homme abandonne la femme qu'il a épousé ou la femme quitte son mari pour s'attacher à un autre ?

L'abandon n'a jamais été inscrit dans les gènes de l'homme. Il y a un incitateur derrière qui pousse l'homme à abandonner : c'est le diable. Ce dernier initie les hommes à abandonner leurs épouses, et les épouses à abandonner leurs maris. Il endurcit le cœur de l'homme au cri de sa femme. Il fait miroiter à l'homme l'herbe verte du voisin. Il procède de la même manière qu'il l'a fait avec Adam et Eve en leur montrant la beauté du fruit défendu.

Il manipule parfois l'homme et le rend capable d'abandonner son partenaire sans pitié, ni compassion.

Face au risque d'abandonner l'autre ou d'être abandonné soi-même, le mieux consisterait à prier pour l'autre : sa femme ou son mari. Il suffit que la pensée de l'autre soit gérée par l'ennemi, notre partenaire serait capable de poser des actes inimaginables, de renier ses propres serments, d'oublier tous les bienfaits reçus. Il ou elle trouvera toujours la raison d'abandonner l'autre.

Mais est-il possible d'abandonner une personne qui ne veut pas être abandonnée et qui se sacrifie pour cela ?

Généralement, on voit des femmes qui refusent de signer les papiers de divorce à l'Etat-Civil. Elles s'opposent au divorce comme si le divorce commençait avec la signature des papiers ! Le divorce a commencé le jour où l'homme a trouvé qu'il ne pouvait plus vivre avec celle qui partage sa vie. Cela n'est pas visible ou remarquable. Souvent, la femme qui refuse de signer les papiers du divorce a longtemps été le fossoyeur de son propre mariage, en rendant la vie de son mari un véritable calvaire, un enfer sur terre. Lorsque finalement, l'homme décide de franchir le pas pour rompre, on découvre qu'il passait un stage pour vivre en enfer, mais cela, dans son propre foyer, dans sa propre maison.

Que ce soit pour la polygamie ou le divorce, plusieurs sont longtemps restés dans l'infidélité alors qu'ils auraient déjà basculé dans la polygamie ou le divorce, simplement à cause des exigences de la société. S'ils optaient pour le divorce ou une seconde épouse, la société les condamnerait, leur ferait des reproches. Certains perdraient des privilèges. Aussi pour jouer le jeu, ils préfèrent vivre dans l'infidélité. Ce qui n'est pas à encourager.

Nous prenons le temps de nous entretenir avec des couples et nous réalisons combien les exigences religieuses ou sociales maintiennent des couples qui sont en place que pour plaire aux gens ou jouer le jeu. S'il était autorisé de divorcer à l'église et devant l'autorité civile avec facilité comme ailleurs, pour sûr que plusieurs couples ne subsisteraient plus. Beaucoup de mariages dits chrétiens seraient disloqués.

Nous avons beaucoup de chrétiens qui sont en couple, mais qui dans leur tête et dans leurs actes sont des divorcés ou des polygames. Il y a des couples qui n'entretiennent plus aucune intimité depuis des mois ou des années, mais à cause des enfants, à cause du ministère, de l'église, restent ensemble. S'il pouvait être donné de se séparer, ils n'auraient pas réfléchi à deux reprises pour sauter sur l'occasion. La femme sait que le mari collectionne des maîtresses, entretient une seconde femme. Elle n'offre plus son corps à son mari. Le mari sait que sa femme entretient une autre relation à l'extérieur.

Je connais un serviteur de Dieu qui devait divorcer avec sa femme. Il se trouvait devant un dilemme : divorcer et perdre le ministère et toute crédibilité. S'il se permettait de divorcer, il ne recevrait plus les dîmes ; il ne pourrait plus se tenir à la chair. Pour ne pas perdre son ministère et ne pas être écarté de l'église, il a préféré garder sa femme en l'ayant presque banni de son cœur. Ceci nous pousse à se demander si la femme fait office de rideau, de tableau d'ornement du mariage, d'outil, de décor, etc. ?

Il ne veut plus d'elle mais la garde malgré lui.

Aujourd'hui plus d'un homme reste attaché à sa femme par contrainte. Il ne veut pas perdre certains privilèges, la réputation…

Il existe des hommes qui aimeraient répudier leurs femmes, mais faute d'infidélité de celles-ci, ils ne trouvent pas des motifs solides pour se débarrasser d'elles. Elles sont impolies, invivables, mais n'entretiennent aucune relation extérieure. Elles offrent leur corps avec facilité au mari, mais ce n'est que le sexe, l'amour a voyagé. Dehors, ils donnent l'impression d'être des couples modèles, suscitent l'admiration, mais au fond d'eux-mêmes, ils vivent de l'hypocrisie.

Le mari aimerait courir derrière l'amour ailleurs, mais sa situation sociale, son rang social, sa situation religieuse, son engagement ecclésiastique l'obligent à rester uni à sa femme.

Ce cas n'est que particulier car à en croire, aujourd'hui le divorce semble être normalisé dans plusieurs églises et les conséquences du divorce ne sont plus les mêmes que dans les années passées.

Est-ce une avancée dans la compréhension de la parole de Dieu ou une l'entrée triomphale de la légèreté dans la gestion de l'église en général et de ses scandales en particulier.

Aujourd'hui, nous trouvons les églises qui soutiennent le divorce de « Daddy » en sponsorisant au plus haut niveau son remariage et plusieurs célèbres pasteurs divorcent et leurs églises ne connaissent visiblement pas aucun choc au contraire elles prennent la percée.

C'est d'autant difficile de les réconcilier car chacun estime avoir raison, tout en trouvant qu'il appartient à l'autre de s'abaisser, de faire le pas, de faire profil bas. Chacun campe dans sa position. Le cœur n'y étant plus, personne ne veut s'amender honorablement. Le diable a pris les manettes de la commande des cœurs.

Il y a des femmes qui seraient parties de leurs foyers depuis longtemps, mais puisqu'elles n'ont plus où aller, puisqu'elles ont des enfants qu'elles n'aimeraient pas abandonner, elles restent auprès d'un homme qu'elles supportent difficilement. Elles sont parfois âgées et ne trouvent aucune opportunité à tomber amoureuses ailleurs, à se lancer dans une nouvelle aventure amoureuse, alors elles restent malgré elles.

Le mariage ne devrait pas être une prison ou un enfer déguisé. Le mariage ne devrait pas être une contrainte. Il devrait plutôt être un lieu de délice, un lieu d'épanouissement, un centre d'enrichissement dans tous les domaines de la vie. Ce lieu où il fait bon vivre, ce refuge contre les tempêtes de la vie.

Le mariage ne doit pas être un ring de boxe où l'homme trouve en sa femme un sparring-partner. La femme n'est pas un sac sur lequel l'homme doit apprendre à boxer, matin midi et soir. Pour un oui ou pour un non, les coups pleuvent, les insultes fusent.

J'éprouve du mal à comprendre ces hommes qui insultent leurs épouses en les qualifiant de chiennes, en les traitant de tous les noms d'animaux. Et quelques temps après, vous trouvez la femme enceinte de son homme. Un homme peut-il rendre enceinte un animal ? Un homme qui couche avec un animal s'est réduit au rang d'animal. Il devrait en avoir honte. Dans la nature, les animaux s'accouplent avec ceux de leur espèce. Il n'y a que l'homme qui s'abaisse pour aller s'accoupler avec des animaux.

La femme est le semblable de l'homme. Lorsqu'un homme et une femme s'unissent par le lien du mariage, la Bible dit qu'ils deviennent une seule chair, ils deviennent un. Ainsi, l'homme qui insulte sa femme, s'insulte soi-même, et la femme qui insulte son mari s'insulte elle-même. L'homme qui insulte sa femme, manque de considération pour lui-même, vis-versa.

Et dans la plupart des divorces que connaissent les couples sont dus au comportement des maris. Ce sont les hommes qui mènent souvent la vie dure à leurs épouses. Ce sont les hommes qui vont chercher ailleurs, parce qu'ils ne sont pas satisfaits de ce que leurs épouses leur offrent. Ils ne se limitent pas au contentement. Les yeux ne sont pas rassasiés de voir, ils veulent autre chose que ce qui leur est servi d'habitude. Cette femme qui hier était fraîche, belle, ravissante, qui faisait leur bonheur, ne leur plait plus. Ils veulent une autre qui soit plus jeune, plus mince parce que leur épouse a grossi. Une qui ait une poitrine opulente ou debout, oubliant que ce sont eux, en voulant avoir enfant sur enfant pour affirmer leur fertilité, authentifier leur paternité, ont fait que la poitrine de leurs épouses s'affaisse plus rapidement que prévue.

La femme n'est pas un menu à la carte qu'on devrait varier quand on le veut. Elle est un être humain autant que l'homme l'est. Elle jouit des mêmes droits. Elle a été créée par Dieu, dotée de mêmes qualités que l'homme.

L'homme ne devrait pas la traiter comme un instrument.

C'est un être de désir qui a besoin d'être autant satisfait que l'homme le cherche. C'est un être de chair qui a les mêmes sentiments que l'homme.

Je me souviens d'une situation à laquelle nous étions confrontés ma femme et moi quatre mois après notre mariage. Cette situation ne concernait pas notre couple, mais un couple qui avait huit ans de vie commune mais qui connaissait deux ans de séparation des corps. Nous avons tenté de les réconcilier. Mais, ils ont passé encore sept mois de séparation de corps. Ils vivaient par formalité. Mais lorsqu'ils se présentaient devant les gens, personne ne pouvait soupçonner leur problème, tant ils affichaient une harmonie de surface qui trompait tout le monde.

L'homme continuait d'assumer ses responsabilités, entretenir la femme. Seulement, dans la chambre, loin des regards des autres, chacun tournait le dos à son partenaire.

Et lorsque nous leur avons posé la question de savoir s'ils voulaient continuer ce mariage, chacun a répondu par le négatif, tout en continuant de vivre sous le même toit. Au nom des enfants, ils jugeaient "bon" de garder cette unité de façade.

Aussi par convenance religieuse, ils restaient ensemble, des mariés mais en réalité divorcés. Des divorcés qui continuaient à vivre ensemble : leurs cœurs avaient déjà divorcé même si leurs corps restaient dans la même maison et sur le même lit sans se toucher. Un divorcé moral avec une divorcée morale. Oui, moralement, ils sont séparés et n'entretiennent plus la flamme de l'amour. Attendant qu'un événement vienne leur offrir un alibi pour se séparer.

Il y a des hommes mariés qui vivent la tête ailleurs.

Nous ne devons pas vivre avec les autres par contrainte. Nous devons créer un environnement et les conditions qui permettent à l'autre de se sentir aimé, de s'épanouir, de prendre goût à la vie et de travailler également pour le bien-être commun.

Un environnement où l'égoïsme devrait être banni. Le mariage se meurt lorsque chacun commence à penser avant tout et essentiellement à ses propres intérêts. Chacun veut trouver satisfaction à ses désirs, ou réponse à ses problèmes, sans se préoccuper des besoins, des désirs, des problèmes de l'autre ou en les reléguant au second rang. Le mariage est l'endroit où le « je » doit être remplacé par le « nous ». Je ne dois penser qu'à moi tout seul, mais à nous. Les décisions devraient être prises en ayant consulté l'autre.

Le mariage qui est bâti sur la parole de Dieu, le mariage qui est construit sur l'amour que prône la Bible, résistera aux tempêtes du divorce, car elle ressemblera à une maison bâtie sur le roc:

« *C'est pourquoi, quiconque entend ces paroles que je dis et les met en pratique, sera semblable à un homme prudent qui a bâti sa maison sur le roc.* » (Matthieu 7,24).

Même si ce livre a besoin que chacun des conjoints luttent pour harmoniser le cadre de vie conjugal afin de ne pas amener l'autre au divorce, nous insistons sur le fait que ce fléau ne doit pas toucher l'église car ses conséquences, au-delà de toute l'image que les divorcés affichent, sont destructrices notamment :

- Pour les conjoints qui divorcent : politique de bonne impression alors que ça brûle à l'intérieur ;

- Pour les enfants nés de ce mariage : un cachet qui met certains enfants en difficulté quand ils doivent se marier car certaines familles conservatrices ne permettront pas à leurs enfants d'épouser un homme/une famille dont les parents sont divorcés ;

- Pour les deux familles : le mariage est aussi une question des familles. Quand on se marie, les deux familles s'unissent et quand on divorce, elles doivent se désunir avec tout ce qui y était déjà installé ;

- Pour l'église : quand il y a divorce, le pasteur, les parrains et le Département Fiançailles et Mariage sont tenus en échec…

4° La stérilité

La stérilité est généralement définie comme étant l'incapacité d'un couple à concevoir après des rapports sexuels répétés pendant 1 année sans contraception. Des rapports sexuels fréquents sans contraception aboutissent généralement à une grossesse : Chez 50 % des couples, au bout de 3 mois.[5]

La stérilité n'a jamais été une bonne amie dans un couple. Elle occasionne des divorces. Lorsqu'une femme mariée est stérile, le mari est souvent tenté d'aller ailleurs. Raison pour laquelle, il y a tant d'enfants nés hors mariage. Généralement, nos sociétés le lui concèdent, bien qu'il commette l'adultère. C'est l'une des causes de l'existence des deuxièmes bureaux. Parce que l'homme tient à avoir une progéniture, il s'en va prendre une autre femme pour lui donner des enfants. Il arrive parfois que son épouse le lui concède. C'est le cas d'Abraham : Sarah a elle-même proposé à son mari de sortir avec sa servante Agar afin de donner un enfant à Isaac. C'est le cas de Rachel qui a donné à Jacob sa servante lorsqu'elle ne parvenait pas à concevoir.

Mais, la plupart du temps, la situation ne se complique pas trop lorsque le mari est stérile. Beaucoup de femmes supportent de ne pas avoir d'enfants. Elles ne vont pas chercher ailleurs.

Mais, il y a des femmes qui finissent par franchir les barrières, après avoir découvert que c'est le mari qui est à incriminer. Lorsqu'elles tiennent à avoir un enfant, elles finissent par tricher. Elles se retrouvent enceintes par quelqu'un d'extérieur à l'insu du mari.

Il arrive parfois que le mari soit au courant de sa stérilité, et pour sauver son honneur, il s'arrange à mettre sa femme dans les bras d'un autre homme. Soit, le couple s'entend pour qu'elle tombe enceinte d'un autre, et le mari ferme les yeux. En tant qu'homme de Dieu, j'ai entendu des témoignages à faire tressauter d'étonnement.

---

[5] https://www.google.com/search?q=la+stérilité&client

La stérilité cause donc des drames dans la vie de nombreux couples. Elle est à la base de la polygamie, elle entraîne l'infidélité, elle occasionne des divorces, etc.

La stérilité a plusieurs origines.

Certains hommes et femmes sont stériles pour des raisons biologiques ou génétiques mais aussi pour des raisons spirituelles. Ils sont nés avec. Ils n'ont rien fait pour se retrouver stériles. Une malformation congénitale, des problèmes d'organes atrophiés ou avec différents défauts.

La stérilité naturelle peut être guérie. On peut suivre un traitement, soit médical ou spirituel et en être guéri. Presque toutes les femmes de la Bible qui s'étaient retrouvées stériles à un moment de leur vie ont été guéries. Leur stérilité n'était pas irréversible. Dieu est intervenu en leur faveur.

La prière reste l'un des médicaments le plus efficace contre la stérilité quelle qu'elle soit. Dieu ne veut pas que dans son peuple, il y ait des femmes stériles ou des femmes qui avortent. « *Il* n'y *aura* dans ton pays ni femme qui avorte, ni femme *stérile.* Je remplirai le nombre de tes jours. » Exode 23.26

Il n'est pas dit que l'on ne peut pas guérir de la stérilité en dehors de la prière lorsque celle-ci est une stérilité naturelle ou normale. Un traitement médical peut être une solution. Mais tout traitement médical sera plus efficace s'il est associé à la prière. En tout cas, telle est ma conviction.

Néanmoins, il y a également de stérilité provoquée. C'est-à-dire que la femme en est personnellement en cause, la cause. Ou l'homme lui-même.

Certaines femmes ne sont pas stériles pour une raison naturelle, mais parce qu'elles l'ont cherché. On connait que les maladies vénériennes mal soignées peuvent entraîner de stérilité. C'est ainsi que des jeunes gens qui ont attrapé des maladies vénériennes et qui les ont négligées et mal soignées par honte, par peur des hommes, se sont retrouvées plus tard stériles.

Il y a également celles qui se sont retrouvées enceintes et qui ont voulu avorter clandestinement. L'opération s'étant mal déroulée, des organes génitaux ont été lésés, des matrices ou des trompes endommagées…

Il y a également celles et ceux qui ont subi une intervention chirurgicale à la suite d'une maladie, d'un accident, qui a contraint les chirurgiens de toucher certains organes de leur corps pour les garder en vie, mais qui ont abouti à leur stérilité.

Enfin, il y a tous ceux qui ont vendu leur corps au diable et qui ne peuvent pas concevoir afin de gagner de l'argent, la célébrité, la gloire des hommes. Ils ont choisi de renier Dieu ou la foi en Dieu ; ils ont choisi de se tourner vers le diable qui leur a pris leur fécondité. Un certain comportement spirituel peut donc être à la base de la stérilité irréversible.

Dans la Bible, nous avons le cas de la femme de David, la fille de Saül, Mical qui s'est retrouvée stérile toute sa vie à cause d'une faute spirituelle. Elle a méprisé la gloire que rendait son mari à Dieu à cause de l'orgueil humain, et Dieu l'a rendue stérile. Sa stérilité était provoquée par son comportement.

Dieu ne prend nullement plaisir à la stérilité d'une femme. Au contraire, lorsqu'il a créé l'homme et la femme, il leur a dit : « Soyez féconds, multipliez-vous, remplissez la terre ». Genèse 1.28 Il s'attendait à ce que la femme conçoive et enfante. Dieu ne lui a pas donné des organes reproducteurs pour ornement physique ou pour de l'esthétique biologique. Mais, c'est pour que cela serve.

La règle générale est donc la fécondité, la stérilité n'est qu'une exception.

Mais dans sa bonté, Dieu a un remède face à tout cela.

Il faut revenir à Dieu par une repentance sincère et vraie. Ensuite, avec foi, se tenir devant lui dans la prière. Et pour finir demeurer dans la foi.

Abraham demeura dans la foi si bien que Dieu s'est souvenu de Sarah et les a visités en leur promettant un enfant.

Nous ne devons pas incriminer les personnes qui sont stériles. Plusieurs le sont sans l'avoir désiré, cherché. Ils ne sont pas tous responsables de leur stérilité.

C'est pour cela qu'il faut se poser une question, celle de savoir si, c'est nous qui étions stériles, supporterions-nous la décision que notre partenaire aurait prise, soit de nous évincer, soit de nous tromper ou trahir ?

Les solutions bricolées contre stérilité ont des conséquences qui traversent toute notre vie. Il y a une guerre jusqu'aujourd'hui entre les descendants de Sarah et ceux d'agar, parce que Sarah a bricolé une solution à sa manière pour résoudre son problème de stérilité, alors que son mari avait reçu la ferme promesse d'être père de la multitude à travers sa femme Sarah.

La main de Dieu n'est pas courte pour apporter une solution durable à un problème.

Raison pour laquelle je prie pour toutes ces femmes qui ne parviennent pas à tenir des enfants entre les mains à cause de la stérilité ; ces femmes qui sont stigmatisées à cause de leur stérilité. Anne était mortifiée par sa rivale Peninna à cause de sa stérilité. Néanmoins, elle a gardé ses yeux tournés vers Dieu.

Je prie pour celles qui désirent avoir des enfants que la main de Dieu soit sur elles et qu'il les rende fécondes. Que leur sein puisse allaiter des enfants nés de leurs entrailles, au nom de Jésus ! Que des nations sortent d'elles, au nom suprême de Jésus !

Que tous ces hommes qui ont un problème de stérilité redeviennent comme au commencement. Qu'ils redeviennent féconds et qu'ils soient des pères de multitudes, au Nom glorieux de Jésus. Que la main de l'Eternel vous touche et que sa bonté fasse luire vos visages, et que le Seigneur vous fasse entrer dans le repos de l'enfantement, au Nom élogieux de Jésus-Christ !

5° Le veuvage

Le veuvage est l'état juridique et social de la personne dont l'époux ou l'épouse est décédé(e). Elle devient alors juridiquement veuve. Elle perd ce statut — et les droits associés — lors d'un remariage ou d'une remise en couple.[6]

Pour la plupart de cas, l'on parle essentiellement des veuves que des veufs. Il y a beaucoup plus de veuves que de veufs. La Bible accorde des droits aux veuves et orphelins, et nulle part, elle ne parle des veufs, d'ailleurs elle ne cite aucun exemple d'un homme ayant demeuré veuf comme si cela était une condition de faiblesse.

55 versets dans l'Ancien Testament et 29 versets dans le Nouveau Testament citent le mot « veuve ». Et aucun verset ne cite le mot « veuf ».

Certes, il y a des hommes qui ont perdu leurs épouses, comme Abraham, Lot, Jacob, Juda, seulement, ils ne sont pas restés veufs. Ils se sont tous remariés. Après la mort de leurs femmes, soit, ils ont épousé d'autres femmes, soit, ils ont cherché des concubines.

---

[6] https://www.google.com/search?q=le+veuvage

D'ailleurs, Jacob a perdu Rachel alors qu'il avait déjà trois autres femmes, notamment, Léa, Bilha et Zilpa. On ne peut pas parler de veuvage pour son cas, car il était polygame.

Abraham a perdu Sarah, l'a enterré, mais, il n'est pas demeuré veuf, parce qu'il s'est remarié avec d'autres femmes, dont la plus connue est Ketoura. Il n'est donc pas resté longtemps dans le registre des veufs. En tout cas, à sa mort, son nom n'y figurait plus. A la différence d'Anne la prophétesse, qui ayant vécu sept ans avec son mari et qui à la mort de ce dernier, est demeurée veuve le restant de sa vie. La Bible nous parle de la veuve de Sarepta qui avait accueilli Elie dans sa maison ou encore la veuve du prophète qui est allée rencontrer le prophète Elisée pour solliciter son aide afin que ses fils ne soient pas vendus en esclavage à cause des dettes contractées par son mari. Il y a encore deux veuves célèbres dans le nouveau Testament, bien que leurs noms ne soient pas connus : la veuve qui avait placé deux deniers dans le panier des offrandes et la veuve de Naïn dont le Seigneur Jésus a ramené l'enfant à la vie, sans oublier la veuve qui allait importuner le juge inique pour lui rendre justice.

Par contre, pour les veufs, la Bible est muette.

On serait tenté de croire que Lot était demeuré veuf ou Juda ? Mais à y voir de près, on sait que les deux ont eu des enfants, même s'ils n'ont plus couché avec les femmes qui leur ont involontairement donné des enfants.

Comme, la Bible n'en dit pas plus sur eux, nous n'ajouterons rien et ne retrancherons rien, pour ne pas tomber sous le coup de la loi divine qui interdit d'ajouter ou de retrancher quelque chose dans la Parole de Dieu.

Toutefois, la Bible ne cite aucun d'eux comme veufs, elle n'en parle pas !

Une question dérange plusieurs lecteurs, je suppose, celle de savoir pourquoi y-a-t-il plus des veuves et des veufs ?

Un retour dans le livre de la Genèse au premier chapitre nous aide à comprendre que Dieu a créé l'homme et l'a placé dans le jardin. L'homme est resté un homme seul, il a vécu durant quelque temps sans avoir une compagnie humaine à ses côtés. C'est plus tard que Dieu a créé Eve. L'homme est apparu sans que la femme soit. Mais la femme a été créée en dépendant de l'homme. Selon la Bible, elle a été créée parce que l'homme manquait de compagne, et elle devait servir d'aide à l'homme. La Bible ajoute également que les désirs de la femme la porteront vers son mari. Une femme mariée est attachée à son mari, dépend de lui pour combler ses désirs. Selon la pensée biblique, la femme est plus dépendante de l'homme que l'homme l'est de la femme. Cela se vérifie même dans la vie de tous les jours. C'est vrai qu'il y a des femmes qui peuvent s'épanouir sans hommes à leur côté.

S'il y a beaucoup plus de veuves que de veufs, c'est donc parce que les hommes sont généralement plus âgés que les femmes. Adam était plus âgé qu'Eve. Ce qui est normal que l'homme meurt avant sa femme, puisqu'il a vécu plus longtemps que sa femme.

Les hommes sont confrontés à plus de responsabilités dans les foyers que les femmes. Ils portent leur propre charge, celle de leurs épouses et celle de leurs enfants. Ainsi, ils peuvent facilement faire des AVC que leurs épouses, parce qu'ils sont les plus sollicités, sont les plus chargés émotionnellement.

Les hommes meurent plus que les femmes parce qu'ils sont également les plus têtus, les plus rebelles à la volonté et la Parole de Dieu. Ce sont eux qui contestent le plus l'autorité de Dieu et entrent en rébellion contre celui qui est le maître de notre souffle de vie. L'épisode de Coré et Datan dans le désert nous le montre bien. L'attitude de Saül le témoigne et la présence limitée des hommes dans les cultes à l'église les confirme. Les hommes se tournent très peu vers Dieu par rapport aux femmes. L'orgueil les mène facilement à la perdition.

Enfin, les hommes meurent plus que les femmes, parce que le diable a fait d'eux la principale cible pour déstabiliser les mariages. Ce sont eux qui sont les plus infidèles, ce sont eux qui occasionnent la polygamie.

Il les pousse à la faute pour être loin de Dieu, de ce fait, en faire une proie facile pour les détruire. Il les pousse au péché. Ce sont les hommes qui provoquent des guerres et durant ces guerres, ils sont les plus nombreux à succomber laissant des femmes veuves.

Lorsque le mari meurt, la situation de beaucoup d'épouses devient chaotique. De son vivant, le mari ne voulait pas que sa femme travaille, exerce une activité économique, soit financièrement autonome. Une femme qui n'a jamais appris à travailler, mais qui devait tout attendre de son mari se retrouve un matin sans ressource à cause du décès de son mari et qui doit apprendre à se débrouiller toute seule avec autant d'enfants à sa charge.

Une femme qui était entretenue par son mari et qui était convoitée par tant d'hommes se retrouve repoussée par ses anciens prétendants.

Ceux qui juraient de la prendre en mariage, ceux qui tentaient de la séduire alors qu'elle était dans la maison de son mari, comme des oiseaux, prennent le vol et quittent la scène. Ceux qui lui proposaient de l'argent ne le lui offriront plus, alors qu'elle se retrouve maintenant dans des besoins d'argent.

Le veuvage fragilise la femme. Surtout lorsque le mari n'a laissé aucun héritage pour les enfants et que ceux-ci sont dans le bas-âge.

C'est pourquoi, les couples doivent combattre dans la prière et se dresser contre l'esprit de mort, afin de repousser toute mort précoce.

La mort met fin au mariage, l'enterre. C'est la dernière arme destructrice du mariage.

Les hommes doivent apprendre à prier pour leurs femmes et les femmes pour leurs maris. Malheureusement, il y a des hommes qui ne prennent jamais de temps pour prier pour leurs femmes. Et des femmes qui ne prennent pas du temps pour porter leurs épouses dans la prière. Certains ne le font pas par ignorance et d'autres par méchanceté.

Il y a des hommes qui souhaiteraient que leurs femmes meurent pour qu'ils épousent une autre femme, tout comme il y a des femmes qui aimeraient voir leurs époux trépasser afin qu'elles retrouvent leur liberté.

De tels hommes et de telles femmes qui pensent à la mort de leurs partenaires ont des pensées diaboliques, sataniques. De telles pensées ne viennent point de Dieu.

C'est être criminel de vouloir la mort de la personne qui a partagé ou qui partage notre vie. Rien ne rassure que la femme pour laquelle on a souhaité la mort de son épouse puisse être la meilleure femme du monde. Elle peut trahir, elle peut détruire la vie du « rêveur ».

La Bible recommande de chérir la femme de sa jeunesse. Lorsqu'on se marie, on se promet fidélité jusqu'à ce que la mort nous sépare. Néanmoins, cette mort ne doit, ni être préparée ni être précipitée. Si l'amour profond et la crainte de Dieu règnent dans les cœurs des conjoints, aucune situation ne peut ébranler le mariage. Une corde à trois fils ne se rompt pas facilement. Ecclésiaste 4.12 « Et si quelqu'un est plus fort qu'un seul, les deux peuvent lui résister ; et la corde à trois fils ne se rompt pas facilement.

Préparer le veuvage

La Bible recommande aux hommes d'aimer leurs femmes. Aimer passe également par la latitude à faciliter la vie à sa femme si jamais elle devrait rester veuve. Certes, personne ne peut déterminer qui du mari ou de la femme mourra avant, car personne n'est le maître de son souffle de vie, mais du fait que l'homme est généralement plus âgé que sa femme et qu'il lui appartient à combler les désirs de sa femme, il lui appartient à réunir des conditions de commun accord avec sa femme pour qu'à son absence, sa femme n'ait pas à vivre un calvaire durant son veuvage. Le veuvage peut donc se préparer.

La Bible nous raconte l'histoire d'un prophète qui craignait et servait Dieu de tout son cœur, mais qui est mort, laissant une veuve avec des enfants qui par la suite furent menacés d'être vendus comme esclaves, à cause des dettes contractées par leurs parents.

2 Rois 4,1 – « Une femme d'entre les femmes des fils des prophètes cria à Elisée, en disant : Ton serviteur mon mari est mort, et tu sais que ton serviteur craignait l'Eternel ; or le créancier est venu pour prendre mes deux enfants et en faire ses esclaves ».

Il y a des mariages où les femmes sont en esclavage, pire en prison. Elles n'ont aucune liberté d'entreprendre. Elles ne peuvent ni s'instruire ni s'épanouir. Elles sont traitées comme des objets de plaisir. Comme des femmes de ménage, et servantes de leurs maris et voire de leur belle-famille.

Elles sont parfois traitées comme de grandes filles. On ne les prépare à aucune responsabilité. Les maris les écrasent. Comme si elles n'ont pas droit au chapitre, à la mort du mari, c'est la catastrophe. Les maris se comportent comme s'ils étaient éternels. Quand la mort les surprend, c'est la débandade. Cela se passe même dans le foyer dit chrétien.

On voit dans le texte ci-dessus, un cas d'une famille des croyants. Le mari, serviteur de Dieu meurt. La famille se retrouve empêtrée dans les dettes. La Bible ne précise pas si c'est le mari qui avait contracté la dette de son vivant ou c'est la femme qui a contracté la dette après la mort de son mari.

En tout cas, le mari n'avait pas laissé sa femme dans l'aisance sinon ce serait difficile à comprendre qu'elle ait tout dilapidé si rapidement.

A supposer que ce soit le mari qui ait contracté la dette et qu'il se soit retrouvé dans l'incapacité de s'acquitter de ses dettes, et finalement, qu'il soit mort, laissant à sa femme une si lourde charge.

En tant que couple, il convient de son vivant d'épargner l'autre des charges qui nous incombent, et surtout faire en sorte que l'autre ne soit pas obligé à notre absence de souffrir parce que nous l'avons placé dans des conditions problématiques.

Aujourd'hui, il y a des hommes et des femmes qui vont s'endetter, parfois sans informer leurs partenaires, et le jour où ils décèdent, on voit débarquer des créanciers venus réclamer la dette. C'est au partenaire vivant de payer une dette dont il ne connait ni d'Adam ni d'Eve.

J'ai participé à un deuil, où au moment de la levée du corps, une dame est sortie et s'est opposée à ce que l'on conduise la défunte à sa dernière demeure tant que la créancière ne serait pas fixée sur le remboursement de sa dette.

La défunte lui avait emprunté de l'argent et elle tenait à ce qu'on lui rembourse ou que le mari se porte garant pour payer la dette de son épouse.

Il est vrai que des couples sont confrontés à des problèmes qui nécessitent des finances et qui les poussent parfois à contracter des dettes pour pouvoir les résoudre. Il est normal que l'on vienne à s'endetter pour résoudre un besoin urgent. Néanmoins, lorsque nous nous endettons, nous devons tenir compte des autres en se posant la question de savoir si jamais la mort ou une maladie survenait et me mettait hors circuit, ma femme ou mon époux serait à mesure de payer cette dette ? Est-il(elle) informé(e) ?

Un homme qui va contracter une dette alors qu'il a rendu sa femme inapte, amorphe, pour lui avoir interdit de travailler, d'aller à l'université, et qui connait une catastrophe, rend à sa femme une vie difficile. Alors qu'elle est incapable de travailler, elle doit porter un fardeau qui dépasse ses capacités, car elle a été réduite à la cuisine par la faute d'un mari jaloux et autoritaire.

On voit ici que la veuve faisant face aux dettes était l'épouse d'un serviteur de Dieu. Le mari avait servi Dieu, avec crainte et tremblement, mais avait laissé sa famille dans des conditions de vie médiocres, précaires, et celle-ci ne savait comment s'en sortir.

Beaucoup d'hommes de Dieu se mettent à prêcher, évangéliser, délivrer, prier et jeûner, en travaillant de tout leur cœur pour Dieu, tout en oubliant qu'ils ont une famille. Servir Dieu est une bonne chose, mais doit-on sacrifier sa famille pour cela, leur faire subir la misère parce que l'on sert Dieu ?

Chaque homme de Dieu devrait se poser la question de savoir s'il mourrait aujourd'hui, qu'adviendrait-il à sa famille, surtout avec nos églises sans organisation, sans plan de survie pour le pasteur en cas de décès.

Aujourd'hui, lorsque le pasteur meurt, sa famille est oubliée, à moins qu'il ait réuni de son vivant les moyens pour permettre à sa famille de survivre. A moins que la femme ait été associée à l'administration de l'église qui se voit obligée de la soutenir. Mais, la plupart du temps, sa famille est abandonnée. Surtout s'il n'était pas le pasteur principal de l'église. On peut imaginer le sort des familles des diacres et autres qui se sont pourtant consacrés à l'église au point de négliger la prise en charge de leurs familles et sans être rémunérés, parce que le visionnaire a toujours dit que c'est l'œuvre de Dieu et qu'il lui appartenait à payer ses serviteurs.

C'est important de servir Dieu, mais il ne faut pas paupériser sa famille pour tout donner à l'église et à sa mort, laisser sa famille dans la misère.

Le prophète est mort et a laissé sa famille dans l'incapacité de répondre à ses besoins élémentaires et, croulant sous le fardeau de la dette.

Il ne faut pas mourir et laisser l'autre dans l'incertitude. Il y a lieu de préparer le veuvage en rendant l'autre capable de pouvoir s'en sortir lorsque l'on ne serait pas là.

Le mariage n'est pas un lieu d'abrutissement. Même si l'on est financièrement indépendant, n'empêche qu'il faut laisser sa femme exercer un métier, se lancer dans un projet qui l'aide à s'épanouir, à devenir responsable, à affronter la vie en dehors de la cuisine et de son foyer. Aucun milliardaire ne croise les bras après avoir amassé autant de fortune. Tous continuent à travailler, à s'occuper. Si une femme a plusieurs compétences, aucune raison n'est valable pour qu'elle soit cantonnée juste dans le foyer pour s'occuper des enfants et de son mari.

Un jour, les enfants finiront par s'en aller. Celle qui n'a jamais rien fait de sa vie, à part s'occuper du foyer, éprouvera du mal pour s'accommoder à sa nouvelle vie, alors que si elle savait s'occuper de quelque chose en plus de son foyer, elle continuerait à s'épanouir à l'absence de ses enfants.

Le veuvage est souvent accompagné de la situation des orphelins. Par principe, lorsqu'un homme ou une femme meurt, les enfants se retrouvent orphelins. Si le papa n'avait pas pris des précautions pour sécuriser la vie des enfants, lorsqu'il meurt jeune, les orphelins restent aux abois. Rarement sa famille s'en occupe comme il se doit.

Beaucoup s'en sortent très difficilement, d'autres sombrent, se retrouvant dans la rue pour les garçons, ou dans la prostitution pour les filles si la maman est dans l'incapacité de les encadrer correctement et surtout de pourvoir à leurs besoins.

Pour avoir des orphelins stables, il faut que les maris préparent leur absence, en assurant une certaine stabilité de vie à leurs familles, en permettant à leurs épouses de savoir se débrouiller de leur vivant. Préparer le veuvage de son épouse, c'est aussi anticiper sur la condition de ses enfants après sa mort.

Il ne s'agit pas seulement de préparer le veuvage pour le cas où l'on meurt tôt, mais également pour le cas où l'on meurt tard. Il y a des familles où le papa a travaillé et s'est enrichi. Il a assuré les conditions de vie de sa famille. Seulement, il n'a pas préparé sa succession, organisé son héritage. Après sa mort, les gens se déchirent, s'entretuent pour les richesses laissées. Or, il pouvait élaborer un testament, clarifier les choses.

Il ne s'agit pas de préparer le veuvage pour l'aspect pauvreté, mais également lorsqu'on est riche. Il faut prendre des précautions pour que son épouse ne soit pas inquiétée, que les enfants ne soient pas aux abois, ne puissent pas s'entretuer pour l'héritage. Que chacun se retrouve. Cela doit être préparé du vivant de leur papa.

Une veuve qui perd son mari est souvent désarçonnée. Elle est parfois indexée, même accusée de la mort de son mari. La veuve est facilement disqualifiée, alors qu'elle ne mérite pas un tel traitement. Raison pour laquelle les femmes devraient prier pour leurs maris afin qu'ils ne soient pas emportés avant l'heure, que le veuvage ne soit pas précipité. Que toute mort précoce soit éloignée du chemin de leurs partenaires.

CHAPITRE 4

LES DUALITES DU COUPLE

Bien que le mariage soit une union entre l'homme et la femme et aboutit à leur unicité selon la Parole de Dieu nous laisse entendre dans le livre de Matthieu 6, il existe des différences entre l'homme et la femme ; mieux, il existe même des dualités entre l'homme et la femme qui se mettent ensemble dans le lien de mariage. L'homme et la femme ont des divergences de par leur nature. Ils ne voient pas toujours les choses de la même manière, n'aspirent pas aux mêmes rêves, à cause de leur nature, de leur éducation, et de la société d'où ils proviennent. D'ailleurs, la Bible ne leur impose pas les mêmes devoirs dans le mariage. Selon Colossiens 3,18-19, il est demandé à la femme de se soumettre à son mari. Ce qui n'est pas demandé à l'homme. Nulle part, la Bible demande à l'homme de se soumettre à sa femme, par contre la Bible recommande au mari d'aimer sa femme et de ne pas s'aigrir contre elle. Ce qui est demandé à l'homme n'est pas la même chose que ce que l'on demande à la femme dans un couple. Même la nature nous enseigne qu'ils n'ont pas les mêmes organes, n'assument pas les mêmes rôles dans la reproduction de l'homme sur terre, bien qu'ils se complètent.

Il y a donc plusieurs dualités entre l'homme et la femme dont nous retenons 5

1° La dualité par la nature même de l'homme et de la femme.

Dieu n'a pas créé l'homme identique à la femme. L'homme n'est pas la femme et la femme n'est pas l'homme. Ils ne sont pas identiques. Selon la Bible, l'homme est le chef de la femme. L'homme serait un chef et la femme une subalterne, ce qui est une dualité existant de par la création. Ils ne pensent pas de la même manière et aux mêmes choses ; ils n'entretiennent pas les mêmes relations avec la nature, l'environnement et même la société dans laquelle ils vivent. Par nature, l'homme a tendance à dominer. Il veut s'imposer. Aussi se permet-il parfois de prendre des décisions sans consulter sa femme alors qu'il a tendance à obliger sa femme à recourir à lui en cas de décision engageant le couple.

2° La dualité des familles d'origines

Il est vrai que l'homme et la femme qui s'unissent par le lien sacré du mariage deviennent un. La Bible dit clairement qu'ils ne sont plus deux, mais une seule chair. Néanmoins, nous ne pouvons pas nier que ces deux, devenus un, proviennent des familles ayant une histoire, des coutumes, des traditions, des mœurs, des habitudes différentes qui peuvent même être aux antipodes.

Chacun vient avec son identité et son passé dans le couple. Ainsi, certains comportements répréhensibles dans la famille de l'un ne l'étaient pas dans la famille de l'autre et sont donc tolérés par l'un et critiqués par l'autre. Certains interdits sont relatifs pour l'un et pris en considération par l'autre. Celle-ci a grandi dans une famille où les hommes et les femmes ne mangeaient jamais ensemble, le père à table et la mère et les filles à la cuisine, tandis que celui-là a grandi avec ses sœurs, mangeant ensemble, partageant même des secrets, et considérant qu'il peut exister une amitié entre un homme et une femme. Il éprouvera du mal à comprendre l'attitude de sa femme qui choisit de camper la cuisine, d'éprouver du mal à s'ouvrir à lui de prime à bord.

Les écoles où les partenaires ont étudié, les églises qu'ils ont fréquentées dans le passé peuvent accentuer cette dualité. Les enseignements reçus en famille, à l'école et à l'église, forgent les personnes qu'elles sont devenues et qui forment le couple.

3° La dualité due à l'aspiration de chaque personne

Au-delà de la nature de chacun d'eux et de leur provenance, chaque être humain a ses aspirations, ses rêves et sa vision de la vie. Ces aspirations guident la nature de chacun, influencent le type de mari ou de la femme que l'on sera dans son couple. Il suffit de se livrer à un exercice consistant à demander dans un couple à l'homme et à la femme d'écrire chacun de son côté ses aspirations, de décrire la femme idéale qu'elle aimerait être ou de décrire le mari idéal qu'il aimerait être, on ne serait pas étonné de constater que ce que la femme veut être n'est pas forcément ce que le mari désire pour sa femme, vis-versa.

On sait combien des femmes aimeraient habiller leurs maris à leur goût qui n'est pas du goût du mari qui s'y oppose.

Ainsi, dans le couple, l'homme n'est pas toujours le type de mari que la femme aimerait avoir et la femme ne correspond pas toujours au type de femme idéale à laquelle aspirait le mari. A cause de leurs aspirations personnelles. Il leur faut transcender cette dualité pour continuer à être ensemble.

4° La dualité due au conjoint

Dans le mariage chaque conjoint vient avec ses différences ou particularités dues à sa nature, à sa famille ou son passé et à ses aspirations personnelles qui provoquent des dualités auxquelles s'ajoute une autre dualité qui naît du fait du mariage. C'est-à-dire à cause du comportement, de l'attitude du conjoint, l'autre adoptera une attitude susceptible de créer une certaine dualité due au comportement du conjoint. La manière dont le mari agit ou réagit vis-à-vis de la belle-famille, vis-à-vis des amies ou collègues de sa femme, poussera parfois cette dernière à adopte un comportement qu'elle n'avait pas au début du mariage, ou qui ne lui est pas familier parce qu'elle désapprouve le comportement de son mari. Elle peut afficher une attitude d'opposition qui ne lui est pas habituelle. Une dualité qui nait du fait qu'elle se trouve en couple et fait. Un mari ivrogne qui est toujours soûl lorsque la femme reçoit les membres de sa famille ou ses amies, ou qui est indifférent à ce qui survient dans la belle-famille provoquera une attitude d'opposition de son épouse, une attitude qui n'est pas naturelle pour cette dernière. Si le mari n'affichait pas un tel comportement, elle n'aurait pas adopté une telle attitude. C'est une attitude née du fait du comportement de son conjoint. Cela peut également être vrai pour une femme qui provoque une attitude d'opposition dans le chef de son mari du fait de son comportement répréhensible. Le conjoint adopte une attitude qui ne lui est pas familière, il se forge un comportement à la suite de ce qu'il vit dans le couple pour s'opposer à ce que l'autre fait qui le dérange, ou risque de le nuire. Ce qui crée une dualité.

Si nous évoquons cette question de dualité dans le couple, c'est pour amener les conjoints à prendre conscience d'un fait : aucune femme ne sera ce que son mari est et aucun mari ne sera ce que sa femme est. Ils sont différents.

Chacun a sa nature, son caractère que les deux ne doivent ni ignorer ni refuser de prendre en compte au risque de faire naître des conflits dans le couple. Les dualités sont donc à la base de plusieurs conflits conjugaux et conduisent au divorce si on n'en tient pas compte.

Lorsqu'on se marie, aucun conjoint ne prévoit qu'il y aura autant des divergences, ou d'oppositions dans le couple dans tel ou tel domaine, pour telle ou telle raison, à tel ou tel moment. Les imprévus, les inattendus peuvent modifier notre comportement, entraîner des dualités et secouer le couple.

Il est préférable qu'un couple ait une vision commune, mais cela n'empêche que la manière de concevoir cette vision puisse différer. Chacun de conjoint aura sa manière de voir ou de concevoir cette vision liée à tout ce que nous avons épinglé ci-haut.

Prendre conscience de leur différence constitue un premier pas vers l'harmonie dans le couple. Cela est un pas décisif pour résoudre les conflits qui détériorent l'entente dans les couples et pire, les brisent ou les détruisent.

Les couples ne doivent pas se leurrer lorsqu'ils ont une harmonie de face, et publient des photos de leur union, portent des habits cousus d'une même étoffe et donnent l'impression d'être soudés aux yeux du monde. Ils ne sont pas à l'abri des conflits qui guettent les couples et doivent apprendre à les résoudre parfois avant qu'ils ne surviennent.

5° Dualité due à la résolution des conflits

Le mari et la femme n'auront forcement pas la même procédure pour résoudre leurs conflits.

Les couples qui veulent vivre en harmonie ont intérêt à se battre pour résoudre les conflits, aplanir leurs divergences. Et pour cela, il faut savoir :

1° Notre conjoint ne sera jamais l'intégralité de notre vœu. Aucun conjoint ne se conformera entièrement à notre vœu, à ce que nous désirons. Ce que nous désirons dans une femme ou dans un homme, nous ne l'obtiendrons jamais à 100% dans notre femme ou dans notre mari. Il y a toujours quelque chose qui manquera au partenaire de nos rêves, ce pourrait même être une chose essentielle.

2° L'autre ne sera pas toujours d'accord avec nous, même si nous avons raison.

3° L'autre ne sera pas toujours en erreur et nous n'aurons pas toujours raison.

4° L'autre n'aura pas toujours la force que nous possédons pour résoudre les conflits.

5° L'autre ne va pas toujours recourir à la méthode que nous jugeons idéale pour résoudre les conflits. Nous ne pouvons pas imposer à notre partenaire notre vision de la résolution des conflits. Ce qui est idéal pour l'un ne l'est pas pour l'autre. Il va de soi, car nous n'avons pas la même vision des choses et n'abordons pas la vie sous le même angle. L'un peut être introverti et l'autre extraverti. Ils ne poseront donc pas les mêmes actes, n'agiront pas de la même façon. Ce qui est important, c'est de découvrir la méthode idéale de l'autre pour résoudre les conflits et l'adapter selon les circonstances.

Se forger une méthode idéale dans sa tête et vouloir l'imposer à l'autre est la pire des choses à faire pour quiconque veut résoudre les conflits conjugaux.

6° Le conflit ne symbolise pas l'absence de l'amour, mais il peut heurter l'amour.

7° Celui par qui les conflits passent n'est pas toujours fanatique des problèmes. Parfois, il en est la victime.

8° Le conflit ne nait pas toujours de la faute de l'un ou de l'autre. Le conflit peut naître d'une incompréhension.

9° Le conflit nait souvent par manque d'humilité et de pardon. Là où prospèrent des conjoints humbles, le conflit naît rarement, et s'il nait, finit par être étouffé, ne sait prospérer, car l'humilité pousse à la recherche mutuelle des solutions. On demande pardon et celui-ci est accordé sans difficulté.

10° Le conflit nait lorsqu'il y a absence de conservateur d'harmonie.

Les conservateurs dans le couple

Dans le mariage lorsqu'il n'y a pas de « conservateur », ce mariage est menacé. Un couple formé de deux arrogants, de deux orgueilleux ou de « monsieur et madame Raison » connaîtra beaucoup de conflits. Il tiendra difficilement dans l'harmonie. Grand est le risque qu'il finisse par se disloquer. Car, en cas de conflit, l'un attendra que l'autre fasse le premier pas pour s'amender. Personne ne s'humiliera en premier. Personne ne voudra s'abaisser et faire le premier pas même lorsqu'il a raison.

Dans le couple où il y a un conservateur, celui qui lutte pour qu'il y ait harmonie, ce dernier cherchera d'abord à rétablir l'harmonie même lorsqu'il a raison avant de vouloir ramener l'autre à la raison. Le conservateur n'est motivé que par l'harmonie et non la raison. Même si c'est l'autre qui a tort, le conservateur fera le premier pas pour gagner le cœur de l'autre afin de rétablir l'harmonie, d'aplanir le malentendu, résoudre le conflit dans son couple.

Que perd un homme qui s'humilie devant sa femme fâchée pour garder l'harmonie du couple ? Que perd une femme qui demande pardon à son mari irrité alors qu'elle avait raison en lui faisant une remarque fondée ?

La beauté du mariage se remarque dans ce moment où l'un s'occupe de l'autre qui est fâché avec de belles paroles, douces et conciliantes. C'est une grande victoire que de ramener le cœur de l'autre qui était en colère vers le sourire, le calme, la paix, la joie. Aplanir les montagnes de colère avec de la douceur et de l'humilité, avec des paroles qui réconcilient est une grande victoire dans le couple et contribue à maintenir l'harmonie et la bonne entente.

Il peut arriver que nous nous fâchions dans le couple, même la Bible sait qu'un être humain n'est exempt de toute colère :

« *Si vous vous mettez en colère, ne péchez point. Que le soleil ne se couche pas sur votre colère, et ne donnez pas accès au diable.* » (Ephésiens 4,26-27).

Seulement, la Bible nous demande de ne pas pécher lorsque nous nous fâchons contre notre partenaire, et nous avons intérêt à ne pas laisser durer cette colère. Nous devons vite éteindre le feu de la colère qui s'allume en nous avant qu'il ne vienne à tout embraser.

Que le soleil ne se couche pas sous ta colère veut dire que la colère d'une journée ne doit pas traverser la nuit ; nous devons harmoniser avec notre conjoint ou notre conjointe avant d'aller nous coucher une fois nous nous sommes fâchés durant la journée.

Force est de reconnaître qu'il n'est facile d'harmoniser avec sa femme ou son mari. Surtout si l'autre a tort, mais refuse de demander pardon. Mais, peu importe ce qui pousse l'autre à s'entêter, il y a moyen de rechercher l'harmonie et de mettre fin au conflit. Cela n'est pas impossible.

Lorsqu'on est engagé à maintenir l'harmonie conjugale, le moment de la colère de l'autre ou de son entêtement passera.

Lorsqu'il y a un problème, dormir en désharmonie, n'est avantageux ni pour l'homme ni pour la femme. Le temps passé dans la colère, la mésentente, est du temps gaspillé, c'est du temps offert au diable pour ouvrir des brèches dans la solidité et l'unicité du couple. Il faut se lever et se battre pour rétablir l'harmonie et rechercher la paix, la tranquillité. Les conflits surviendront, il faut les transcender. Avec Dieu, nous ferons des exploits ! Psaumes 60.14

CONCLUSION

La routine, le monde et ses séductions trompent plus d'un couple. L'amour s'étiole. Les tempêtes de la vie secouent les mariés qui arrivent au point de se poser la question de savoir s'il faut continuer leur mariage.

Nous avons tenté de comprendre ce qui les motive à se poser une telle question. Nous avons pensé remonter à la source de ce qui devait fonder tout mariage afin d'aider à la fois ceux qui sont dans le mariage et ceux qui veulent y entrer.

Toutes les choses dites ci-haut doivent pousser tout homme ou toute femme à se poser cette question : dois-je entrer dans ce mariage ?

Et s'il y est déjà, au contraire de se demander s'il doit continuer ce mariage !

Ces questions ne sont pas à poser pour rompre le mariage, mais pour le continuer en conséquence de cause, pour, au besoin, rectifier certaines choses, corriger certaines erreurs.

Si la première question est à se poser pour se remettre en cause, afin de réajuster le tir ou prendre un bon départ la deuxième par contre, elle doit se répondre toujours à l'affirmatif pour permettre à se battre pour corriger les erreurs et avoir toutes les bonnes raisons de continuer son mariage sur une bonne base.

Dans la vie, rien n'est définitivement acquis. Se remettre en cause nous permet de s'assurer que nous sommes sur la bonne voie de manière à avancer sur le bon chemin.

Pour finir, force est de rappeler à tout enfant de Dieu que nous ne nous marions pas par essai et par erreur, mais pour la vie, et le mariage étant une institution divine, il doit commencer avec Dieu, tourner autour de lui et trouver son aboutissement en lui. Il a la capacité de le rendre solide et résistant à toute tempête de la vie. Avec lui, toute question finit par trouver une réponse.

Il est impossible de voir deux conjoints qui se confient tous sincèrement à Dieu pour réussir leur mariage se séparer, mettons Dieu en avant, nous serons inébranlables.

Décidons-nous de gagner notre conjoint(e) comme un préalable de prouver à Dieu notre amour pour lui et notre engagement à nous présenter comme un des éléments constitutifs de l'église sans tâche, ni ride, ni rien de semblable. Alors nous lui serons agréables car il est possible que nous soyons une cause d'un célibat prolongé d'un célibataire dégouté du mariage à cause du notre.

DU MEME AUTEUR

L'APPEL : De la richesse à la "souffrance"

L'EGLISE : De la primitive à la "finitive"

www.ingramcontent.com/pod-product-compliance
Lightning Source LLC
LaVergne TN
LVHW091037150826
845672LV00006BA/1849

* 9 7 9 8 8 4 6 2 7 1 7 7 7 *